北京语言大学梧桐创新平台项目"中央高校基本业务费"(18PT04)成果
北京语言大学外国语学部科研活动经费资助

商务谈判口译运用测试研究

温 倩 著

U0440208

北京邮电大学出版社
www.buptpress.com

内容简介

本书为翻译测试领域专业书籍，研究对象是翻译研究和语言测试交叉领域的口译测试。本书旨在借鉴发展较为成熟的语言测试理论，在交际语言运用测试和专门用途语言测试理论指导下，开创一套适合商务谈判的口译职业化测试，并在整体效度观念下，对该职业口译测试进行全过程、多层面效度验证。验证过程使用了教育测量学项目反应理论中的多面 Rasch 模型，该模型在口译测试领域的使用较为稀有。本书的研究内容具有一定的创新性，以期为职业口译测试开发和评估提供新思路、新方法。

本书适合翻译评估和教育测量领域的研究人员使用，也可供从事口译教育的培训人员或职业口译从业者参考使用。

图书在版编目(CIP)数据

商务谈判口译运用测试研究 / 温倩著. -- 北京：北京邮电大学出版社，2020.8
ISBN 978-7-5635-6111-7

Ⅰ. ①商… Ⅱ. ①温… Ⅲ. ①商务谈判—英语—口译—测试—研究 Ⅳ. ①F715.4

中国版本图书馆 CIP 数据核字(2020)第 111306 号

策划编辑：彭 楠　　责任编辑：彭 楠　　封面设计：七星博纳

出版发行：北京邮电大学出版社
社　　址：北京市海淀区西土城路 10 号
邮政编码：100876
发 行 部：电话：010-62282185　传真：010-62283578
E-mail：publish@bupt.edu.cn
经　　销：各地新华书店
印　　刷：北京市金木堂数码科技有限公司
开　　本：720 mm×1 000 mm　1/16
印　　张：11.25
字　　数：205 千字
版　　次：2020 年 8 月第 1 版
印　　次：2020 年 8 月第 1 次印刷

ISBN 978-7-5635-6111-7　　　　　　　　　　　　　　定价：48.00 元

· 如有印装质量问题，请与北京邮电大学出版社发行部联系 ·

前　言

随着我国经济的不断发展，特别是在"一带一路"国家发展战略的背景下，国际商务往来越来越频繁。商务谈判是交际性很强的一种商务交往类型。商务谈判口译的交际功能和沟通作用日益重要。作为一种高度职业化的工作场景，商务谈判口译具有专业性、目的性以及跨文化交际性特点。因此与普通口译不同，商务谈判对口译员有较为专业和特定的要求，独具特点。然而目前国内对此类专业化、精细化的口译资格测试研究和实践还是空白。现行口译资格测试形式传统单一，随机性大，测试类型发展缓慢，与实际职业口译人员的工作情景有较大出入，测试往往不能很好地反映口译员的真实水平。

商务谈判口译运用测试研究旨在借鉴发展较为成熟的语言测试理论，在交际语言运用测试和专门用途语言测试理论指导下，研发一套适合商务谈判的口译职业化测试，并在整体效度观念下对该测试进行验证，以支持该测试的有效性。

商务谈判口译运用测试研究共经历三个阶段。第一阶段为测试设计阶段，该阶段重点在于搭建测试开发的理论框架：从语言测试理论出发探讨语言行为测试的特点；从交际语言能力理论角度对翻译能力和口译能力的研究进行梳理；对商务谈判语言的特点从理论层面进行概述，并在此基础上建立了商务谈判口译运用测试的理论框架及效度验证框架。第二阶段为研究的实施阶段，即对商务谈判口译运用测试的开发设计，包括三个步骤：首先，对国际商务谈判进行工作分析，工作分析采用现场观摩、职业从业者调查、访谈、语类分析等方法详细了解职业口译员在商务谈判场景下完成口译任务的真实情况；其次，根据工作分析得到的结果，确定本研究的测试任务；最后，工作分析还对商务谈判口译质量的判断标准进行问卷调查，结合国内外翻译资格认证考试评分标准和业内的质量评估标准，提出了对该类职业口译员评价较为重要的几个因素。在专家组调查和评审基础上开发了本测试的分项评分量表。随后实施正式测试，对评分员进行培训、打分,收集数据。第三阶段为对新开发的口译测试进行效度验证。口译是典型的可直接观测的交际语言运用,评分效度是该交际语言运用测试的核心效度。在整体效度观框架下,商务谈判口译运用测试研究对新开发的口译测试的多个层面进行了数据收集,并使用教育测量学中项目反应理论的多面Rasch模型将影响评分效度的多个层面进行分析比较:考生能力,评分员严厉度、一致性,评分量表分项设置、等级描述、整体功效等放在一个洛基尺上进行比较。因此本阶段重点使用多面Rasch模型,配合经典真分数理论的信效度检验方法对测试多个层面进行效度验证。效验结论如下:(1)分项评分量表与整体评分量表的评分结果之间呈显著性相关,具有很好的效标关联效度;(2)分项评分量表对学生能力的区分力比整体评分量表强,各维度的等级设置比较合理,等级描述准确和清晰;(3)评分员在使用分项量表时能够保持严厉度的一致性,表现出良好的评分员间一致性;(4)测试分数的一测再测相关系数达0.9及以上,测试整体呈现高信度水平,测试具有很强的稳定性;(5)商务谈判口译运用测试与外部指标的相关分析显示,本测试具有较好的效标关联效度。

本书以跨学科的视角,从测量学角度出发对职业口译质量评估进行研究。在方法论上,本研究开发的口译测试,从设计、实施、验证的全过程都具有质性和量化研究支撑。在对所开发测试效度进行验证的实证研究中,以传统经典真分数理论为基础,同时使用项目反应理论中的Rasch模型法。将这种方法运用在口译测试研究中还很少,这为口译测试评分方法和效度验证提供了新思路和新方法。随着对口译的职业化、专业化要求越来越高,本书研究的商务谈判口译测试可以为其他专门领域职业口译测试的开发和设计提供重要的借鉴意义。

目 录

第1章 引言 … 1

  1.1 研究背景 … 1

  1.2 研究目的 … 2

  1.3 研究内容 … 3

  1.4 本书结构 … 4

第2章 商务谈判口译测试的理论基础与开发框架 … 5

  2.1 语言测试理论基础 … 5

    2.1.1 语言测试的三大模型 … 7

    2.1.2 专门用途语言测试 … 8

    2.1.3 McNamara 的 OET 测试设计与开发 … 15

    2.1.4 语言测试的效度验证研究 … 19

  2.2 商务谈判口译能力构念的研究 … 27

    2.2.1 交际能力模型 … 27

    2.2.2 翻译能力研究 … 36

    2.2.3 口译能力研究 … 42

    2.2.4 专门用途语言能力 … 47

    2.2.5 商务谈判口译能力构建 … 48

2.3 商务谈判口译运用测试的效验框架 ································ 51
    2.3.1 商务谈判口译运用测试的目的 ································ 51
    2.3.2 商务谈判口译测试的性质 ···································· 52
    2.3.3 商务谈判口译运用测试的效验框架 ···························· 52

第3章 研究设计与测试开发 ·· 55

3.1 研究问题和方法 ·· 55
3.2 研究对象 ·· 55
3.3 研究步骤 ·· 57
    3.3.1 工作分析 ·· 60
    3.3.2 编制测试说明 ·· 84
    3.3.3 评分量表 ·· 86
    3.3.4 预实验 ·· 97
    3.3.5 正式施测 ·· 99
    3.3.6 评分 ··· 101
3.4 研究工具 ··· 102
    3.4.1 信度估算 ··· 103
    3.4.2 多面 Rasch 模型 ·· 103

第4章 研究结果与讨论 ·· 107

4.1 多维度效度检验 ··· 107
    4.1.1 分项评分总体结果 ··· 107
    4.1.2 学生层面 ··· 109
    4.1.3 评分员层面 ··· 111
    4.1.4 评分量表 ··· 111

  4.1.5 偏差分析 …………………………………………………… 116
  4.1.6 整体评分量表各层面数据分析与对比 ………………… 119
 4.2 测试整体信度 ……………………………………………………… 125
 4.3 效标关联效度 ……………………………………………………… 128
 4.4 构念效度与内容效度 ……………………………………………… 130

第5章 结论 ……………………………………………………………… 132
 5.1 研究结果总结 ……………………………………………………… 132
 5.2 研究贡献 …………………………………………………………… 134
 5.3 研究局限性和未来研究展望 ……………………………………… 134

参考文献 ………………………………………………………………… 136

附录一 商务谈判口译运用测试说明 ………………………………… 150

附录二 商务谈判口译运用测试译前准备材料 ……………………… 151

附录三 商务谈判口译测试试题脚本 ………………………………… 157

附录四 商务谈判口译员工作分析调查问卷 ………………………… 163

附录五 商务谈判口译运用测试考生测后调查问卷 ………………… 167

附录六 商务谈判口译运用测试整体评分量表 ……………………… 168

附录七 商务谈判口译运用测试分项评分量表 ……………………… 169

第 1 章 引　　言

1.1 研究背景

对商务谈判口译测试的研究起源于以下两个方面。一方面,中外经贸往来日益频繁,商务口译作为其沟通桥梁的重要性日渐提升。进入 21 世纪以来,全球化已成为人类社会发展的主题。随着我国改革开放的进一步深入,中外国际交流在经济、政治、文化、教育等各方面蓬勃发展。尤其在经济领域,其呈现出直线上升的态势。2018 年,我国外贸交易总额达 30.51 万亿美元,有进出口实绩的企业达 47 万家,我国继续稳居全球货物贸易第一大国[①]。经济领域的国际交流不可避免地涉及大量贸易谈判和交流,仅北京一地,每年约召开 600 场以外贸洽谈为主的国际会展[②]及千余场国际商贸会议[③]。

多边经济的发展离不开语言的服务。口译人员在促进中外交流、互容互通中的作用不容忽视。因此,社会对口译这种"即时、高效"的语言服务,尤其是在国际商贸这一专门领域,提出了巨大需求和较高要求。

另一方面,国内商务口译人才稀缺,现有口译资格测试形式单一,方法传统,其信效度水平饱受质疑,不能满足测试市场需求。近年来,全国职业口译类人才的需求约在百万,而每年口译专业毕业的人数仅 300~500 人,缺口高达 90% 以上[④],市场上合格的人才可以说凤毛麟角,高等专业院校培养的口译毕业生人数完全不能满足市场需求。职业口译员数量缺口大,而大量参与商务口译活动的口译员水平又参差不齐。想找到一个既有娴熟的口译技能和丰富经验,又具备商务专业知识

---

① http://www.gov.cn/xinwen/2019-01/15/content_5357909.htm
② http://www.chinanews.com/df/2012/04-11/3812511.shtml
③ http://zhengwu.beijing.gov.cn/ghxx/sewgh/t1210510.htm
④ http://www.ceh.com.cn/jjzx/2013/06/212895.shtml

及素养的口译员更是难上加难。因此,研发一套可信、高效的商务口译测试能极大地提高用人单位对合适人才的甄选,也能为商务口译培训和教学发展提供有意义的借鉴和引导。

国内现有的口译资格认证考试种类繁多,其中较有影响力的考试有 5 种:教育部与北京外国语大学联合举办的"全国外语翻译证书考试"(NAETI),人事部与中国外文局联合举办的"全国翻译专业资格(水平)考试"(CATTI),上海市教委推出的"上海市外语口译岗位资格证书"Shanghai Interpretation Accreditation(SIA),上海市人事局和上海外国语大学合作推出的"商务口译专业技术水平认证考试"Business Interpretation Accreditation Test(BIAT),以及厦门大学"英语口译资格证书"English Interpreting Certificate(EIC)。以上 5 种口译资格认证考试仅有 BIAT 是针对商务口译能力的,其他几种考试考察的是广泛意义上的口译能力,针对国际会议口译。

目前我国在岗聘任的翻译专业人员约 6 万人,而实际翻译从业人员保守估计约 50 万人。国际会议口译员协会(AIIC)网站显示,目前世界各地 AIIC 的会员共有 2 971 名,中国大陆地区的仅 50 名①。以上数据显示:一方面,很多口译从业人员没有相关资格证书;另一方面,雇用口译员的单位要么不要求译员具备口译证书,要么倾向于接受的仍然是国际会议口译员协会(AIIC)、欧盟口译司 JICS (European Commission Joint Interpreting and Conference Service)等国际口译专业机构提供的认证。

通过这些现象,我们应该对国内的口译资格认证考试进行反思。国内目前存在的几种口译考试在测试题型设计、测试材料选择、测试组织方式以及质量评估标准等方面千差万别,但在考查的内容这一方面有个较为共同的特点就是和职业口译员在真实工作场景下所需的能力差别较大,不具备针对性,因此造成具有资格证的口译员不能胜任实际口译任务的情况出现。同时,国内现有的口译考试与国际上比较成熟的口译水平认证测试专业化、精细化的考试设计相比发展尚浅,在考试设计理念和考试编制及评价标准方面还不具有广泛认可的可信度。

1.2 研究目的

现代语言测试的两大类型是能力测试和运用测试。能力(proficiency or ability)

---

① https://aiic.net/directories/interpreters/location

是不可直接观察的,因而也不能直接测量,只能通过测量能体现能力的各种行为来进行推测。运用行为(performance)是可以直接观察的,因而可以直接测量。测试的最终目的不是取得反映测试表现的分数,而是对在非测试环境下的运用情况进行推测。

将国内5种口译资格考试的内容和形式进行简单比较不难发现,虽然这5种资格考试的使用目的、具体考试内容、形式略有不同,但都是通过测试表现来推测相应的翻译能力,进而推测非测试环境下的能力运用,属于能力测试范畴。这些测试均采用了间接测试题型,如多项选择题。而其中的翻译实务题虽然是直接题型,因为没有系统引入环境因素,也主要是用来推测应试者的翻译能力的。而这样的考察方式与职业口译员尤其是商务口译工作者的真实工作环境有较大差别。在非真实的模拟的测试环境下间接推测口译员未来的工作能力和水平实在是无法具备较高的效度和真实度。

交际运用测试(performance testing)具有自己的一套开发原则和方法,其中最重要的一条就是真实性原则。其测试的内容和形式均要建立在对实际工作的需求分析之上,要求最大限度地模拟真实工作环境。口译是一种高级口语交际活动,口译的过程及其产品都可以直接观察和测量,因此更适宜使用在真实环境下进行直接测试的交际运用测试。本书所研究的商务谈判口译运用测试就是主观测试与专门领域翻译相结合的测试,在翻译测试中应该有一席之地。本书的目的就是以商务谈判口译测试为例,在交际语言运用测试的基础上建立一个真正意义上的口译运用测试。

1.3 研究内容

就口译测试而言,现有的资格考试仍采用传统的能力测试形式,一直有所测能力与实际能力不相符,测试具有较强的随机性的问题。例如,职业口译员在工作前会有一定的译前准备时间,对口译主题及相关知识进行研究考察。而现有的资格考试没有这一环节,被测碰到熟悉的主题或体裁能获得较满意的成绩,若遇到不熟悉的主题,测试表现则大受影响。这样的测试不能如实反应被测的真实水平,当然就更无法准确推测出其在真实环境下的工作能力和水平。

在测试领域,作为测量翻译水平的考试,它的信度和效度一直受到怀疑(宋志平,1997:30;徐莉娜,1998:29)。以口译测试为例,口译为内容,测试为手段。手段不科学、内容不恰当，必然影响测试效度和信度。出现这种理论与实践相矛盾的现象有两个原因：第一，"翻译理论与实践"这一领域自身杂乱无章（海芳，2004：24）；第二，长期以来，我们忽视了从测试的角度考虑翻译。由此，如果从测试的角度考虑口译，把实用性强的翻译理论科学运用到测试实践中，或许可以缓解上述矛盾。而本研究就是从测试整体设计、试题编写、评分等方面做出努力，针对商务谈判口译建立一个运用测试和专门领域翻译相结合的翻译运用测试，并着重回答以下几个问题：

（一）商务谈判口译运用测试是什么？

（二）如何设计商务谈判口译运用测试？

（三）商务口译运用测试的信效度如何？

要回答清楚上述任何一个问题，都需要专业机构长期的、不断的研究和探索。而本书是一个小规模的探索性研究，旨在将业已成熟的测试学的概念、方法引入翻译测试的领域，能对未来的口译测试的设计和操作起到进一步明确、规范的作用。

1.4 本书结构

本书分为5章。第1章为引言，主要介绍研究背景、研究目的、研究内容和文章结构，在这一部分中明确提出了3个研究问题。第2章为本研究所要开发的翻译测试提供理论基础和研发框架；首先，从语言测试、交际语言测试的理论出发，对商务谈判口译测试的理论基础进行综述；随后，对专门用途语言能力及专业用途语言测试的一些概念进行整理；最后，从测量学角度整理了对测试有效性进行验证的方法和体系等重要理论，为本研究做好理论铺垫。第3章是研究设计部分，主要阐述研究问题、研究对象、测量工具和数据收集与分析等内容。本章对研究的问题、方法和过程进行了全面介绍。第4章是实验结果与讨论，主要阐述实验研究结果。根据所研究的问题，作者对每一项实验结果进行深入、细致的分析，探讨实验中的发现与问题，解释实验结果的主要原因。第5章是结论。这部分主要阐述本研究的发现及其启示，研究的局限性和不足，以及未来研究的展望和发展，对本研究进行全面总结和概括。

第 2 章 商务谈判口译测试的理论基础与开发框架

2.1 语言测试理论基础

语言测试理论自 20 世纪四五十年代以来已逐渐发展成一种日臻完善的理论，并广泛地运用于测试实践之中。本章将从在测试领域产生过重要作用的三大模型开始梳理语言测试的发展脉络，并结合近几年逐步兴起，但仍缺乏系统研究的翻译测试理论与实践发展，以及翻译能力和理论方面的研究，为研究搭建一个理论框架。

语言测试按照不同的标准可以有不同的分类。根据测试的目的，可以分成水平测试(proficiency test)、成就测试(achievement test)、分级测试(placement test)、诊断测试(diagnostic test)等。从分数的解释角度看，测试可以分为常模参照考试(norm-referenced test)和标准参照考试(criterion-referenced test)，前者是将某一考生的表现放在一个常模组(类似特征的考生群体在同一考试中的表现)中衡量，而后者是将考生的表现与事先制定好的某一能力水平或内容范围进行比较(Bachman,1990:72-76;McNamara,2003:62-64)。

根据测试的方式，可以分为传统的纸笔测试(paper-and-pencil test)和语言运用测试(performance test)。前者是标准化测试，属于客观性测试(objective test)的范畴。后者属于主观性测试(subjective test)的范畴，广泛用于对口语、写作等产出性能力的评估，这种测试先诱导出考生一定长度的口语或写作表现样本，然后由一个或多个经过培训的评分员根据事先确定的评分程序进行给分，考生的表现样本通常是在模拟真实世界环境的背景下的诱导出来的，所以这种考试有时也被称为直接性测试(Mcnamara,2003:5-6)。测试的使用者希望通过考试能够推测出被测在非语言测试环境下语言运用的水平。

根据测试推测过程的不同,现代测试又可分为两大类型:能力(ability)测试和运用(performance)测试。能力是不可直接观察的,因而也不能直接测量,只能通过测量能够体现能力的各种行为来对能力进行推测。运用是可以直接观察的,因而可以直接测量。测试的最终目的不是取得反映测试表现的分数,而是对在非测试环境下的运用情况进行推测(王振亚,2012a)。

两大测试类型的推测过程可由图2-1表示。

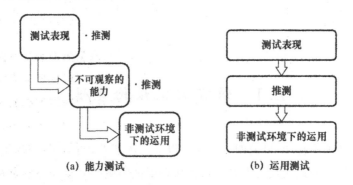

(a) 能力测试　　　　　　　　(b) 运用测试

图2-1　能力测试与运用测试的推测过程对比

能力测试是首先根据应试者的测试表现推测其不可观察的能力,然后再以此为基础推测其在非语言测试环境下的运用;而运用测试则是根据应试者的测试表现直接推测其在非语言测试环境下的运用。由此可以得知,运用测试必须采用直接测试题型。

交际运用测试不仅要求被测试者的测试行为和非测试环境下的运用行为形式上的一致,还要求被测试者的测试行为和非测试环境下的运用行为环境的一致。例如,口译员的工作是为雇佣单位提供口译服务,如果在口译资格测试中,应试者不是被要求对给定的翻译场景下进行口译,而是要求他写一篇翻译工作心得,那么这个语言测试就不是交际语言运用测试。

这两种测试类型中,能力测试的最明显的优势是因为排除了测试行为的环境因素,有广泛的实用性和经济性。大量的具有不同特征的考生可以使用同一个考试。而运用测试因为系统地引进了测试行为的环境因素,有鲜明的针对性和解释测试结果的便利性。在语言测试领域,托福考试(The Test of English as a Foreign Language)是能力测试的代表,而雅思考试(The International English Language Testing System)是运用测试类型的典型体现。

2.1.1 语言测试的三大模型

根据 Sporsky 的分类,在语言测试发展的历史中,共出现过三个现代语言测试模型:心理测量学-结构主义语言学语言测试模型、综合语言测试模型、交际语言运用测试模型。

20 世纪中叶,强调标准化和客观性的心理测量学和强调语言是一个关系系统的结构主义语言学相结合,产生了历史上第一个现代语言测试模型,使语言测试从教育测量学中分离出来,成为独立的学科。这个语言测试模型的倡导者和代表人物是 Lado(1961)、Harris(1969)等。心理测量学-结构主义语言学测试方法强调语言测试的标准化和客观化,多项选择题成为最受青睐的题型,这使"语言测试的信度达到了空前的高度"(王振亚,2009a:112)。

随着对语言能力理解的深入,这个模型开始受到质疑,心理测量学-结构主义模型下,语言测试的目标语言能力被解读为包括语言、词汇、语法等知识成分和听、说、读、写四项技能。但随着语用学、社会语言学、心理语言学等学科的发展,语言能力的内涵得到了极大的丰富,经历了从 Hymes 的交际语言能力模型再到 Bachman 的交际语言能力概念。相比起来,心理测量学-结构主义语言学下的测试目标就片面了许多。另外,从测试方法来看,心理测量学所推崇的间接测试不能有效地测试学生的口语和写作技能。然而,心理测量学-结构主义语言学作为现代语言测试的第一个模型,第一次将心理测量学中的分立式、间接式测试方法引入语言测试中,它的影响巨大,延续至今。

20 世纪 70 年代,以语言能力不可分假设为基石的综合语言测试模型逐步兴起,与心理测量学-结构主义语言学语言测试模型针锋相对。其采用的典型测试题型为完形填空和听写。这两个测试模型采用的都是间接性试题,即应试者的测试行为和人们的交际行为不同的试题。其代表人物是 John Oller。他认为人在学习一门语言时的过程,是内化其语法系统,或者可以叫作心理上的真正语法(psychologically real grammar)的过程。这样,从综合性测试的角度讲,测试的目的应该是测量此内化了的语法(internalized grammar)的效力[①]。但随后,语言测试学者包括 Oller 发现该假设存在问题,语言学习者在听、说、读、写技能上的发展的确存在不均衡现象,后来 Oller 也放弃了整体语言能力假设。

---

① Croft, Kenneth. 1980. Readings on English as a Second Language. Winthrop Publishers, Ine. Cambridge, Massachusetts. p481-490.

1980年,英国文化委员会推出了Carroll领衔开发的ELTS(English Language Testing Service)考试。Carroll的专著和ELTS考试体现了一个新的语言测试模型,即交际语言运用测试模型。该模型以现代语言学理论为基础,尤其是社会语言学家提出的交际语言能力(communicative language ability)。他们认为,掌握一门语言指的是在一定语境中能够使用该语言进行有效交际,交流思想感情,实现相互沟通。因此,交际语言测试模型强调测试任务的真实性和交际性,通过观察学生在真实语境中运用语言达到交际目标的能力,来判断语言水平。

图2-2显示了传统的固定答案测试与语言运用测试模型的对比(Mcnamara,1996:9)。

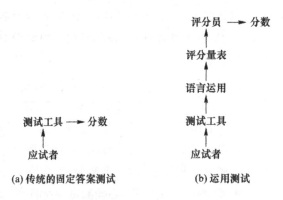

图2-2 标准化测试和运用测试模型对比

从图2-2中可以看出,与传统测试相比,语言行为测试增加了评分员、评分量表和语言运用三个环节,评分员需要根据受试者完成运用任务(performance task)的情况,对照量表不同的等级描述给予相应的评定。

交际语言运用测试的显著优点在于,它直接考察受试在现实交际情境下的语言运用情况,和心理测量学-结构主义语言学测试以及综合语言测试相比,具有更高的效度,同时它还能够为教学实践带来积极的反拨作用。但由于采用主观题型(如口语、作文),在测试的实施过程中,行为测试也具有耗时长、费用高和信度相对低的弊端。

2.1.2 专门用途语言测试

专门用途语言考试(Testing Language for Specific Purposes,TLSP)是在20世纪70年代提出专门用途语言(Language for Special Purpose,LSP)理论后出现的。Douglas(2001)认为LSP测试是语言测试的一个分支,其测试内容是基于对专门用途语言使用情况的分析。如现在的雅思考试的前身就是一种专门用途英语的测试,其测试任务真实反映特定专业中英语的使用情况,因而它能评估受试者在特定专业领域中使用英语的能力。

1. 专门用途语言测试的定义

Weir 在《交际语言测试》一书中,有以下描述:"在测试交际能力时,我们在特定语言使用语境(specific contexts of use)中,在一定测试条件限制下(particular test constraints)对行为抽样进行评价,以推断受试者的交际能力或语言能力"[①]。在这段表述中涉及以下关键词:交际语言能力、特定语言使用语境、测试限制条件,这些关键词也是专门用途语言(LSP)测试涉及的。由此可以推断 LSP 测试可以被认为是交际语言测试的一种特殊情况。

LSP 测试是在对专门用途目标语使用情景分析的基础上确定测试内容和方法,目的是要反映出被试在近似于真实语言使用情景中的语言行为,以此来判断被试的这一专门用途语言能力,并预测其在未来目标语情景中的语言行为。受试者完成测试任务既需要有语言能力和专业知识的交互,又需要语言能力与测试任务的交互(Douglas,2001)。

2. 专门用途语言测试的特点

真实性是专门用途英语(ESP)测试的灵魂,它体现在测试设计和实施的各个环节,是 ESP 测试效度的重要保证。作为交际语言测试的一种,LSP 测试的效度很大程度上取决于测试的真实性(authenticity)特点,除此之外,还应当具有专业针对性(specificity)。

(1) LSP 测试的真实性

随着交际语言测试的出现,测试的目的决定了测试对真实性的较高要求。于是,真实性问题便成为语言测试关注的焦点之一(Bachman,1990;Bachman & Palmer,1996)。

测试的真实性是一个多层面的概念,不仅仅存在于对真实文本和任务的模拟中,即测试任务和情景的真实性,还存在于文本、任务特征与被试语言能力的交互作用中。

首先,"真实"指现实生活真实性(real-life authenticity)。Carroll(1980)认为,测试真实性是指测试任务不应该是针对考官的"刺激"做出的例行的测试反应,而应该是真实生活中的、相互作用的交际活动。测试的语言应该是日常的交际话语,

---

① Weir C. 1990. Communicative Language Testing. New York: Prentice Hall. p78.

语言交际的背景也必须是真实的。

其次,"真实"还指互动的真实性(interactional authenticity)。互动真实性强调考生与测试任务之间的交际,即考生在完成测试任务时,其语言能力诸要素的参与程度(Bachman,1990)。一个测试的真实性可以体现为被试与测试文本、测试任务、测试情景之间是否形成了互动。考生与测试任务的互动程度越强,测试的真实性程度也就越高。

最后,Bachman 和 Palmer(1996)的一致观(correspondence approach)对测试真实性的研究更进一步加深了人们对这一问题的认识。一致观把真实性定义为情景真实性,指"特定测试任务特征与目标语使用任务特征的一致性程度"。这一定义提高了真实性在测试中的操作性。在测试设计中,使测试任务尽可能具有目标语使用任务的特征,可以使测试具有较高的真实性。

由此可以知道,LSP 测试的设计应基于对目标语使用情景的分析,使测试任务和内容能够真实地反映现实语言的使用情况,并且被试的专门用途语言能力能够参与到由测试题目、提示和输入材料所建立的交际情景中,真实性才得以实现(Douglas,2001)。

同时,真实性也是一个较为主观的、相对的概念。测试任务是对真实生活中语言使用任务的模拟,模拟的意思就是接近,不可能完全一样。此外,对于同样的测试内容、题型,不同考生会有不同的理解和感受,即使同一考生对同一测试在不同的场合也会有不同的理解。Bachman 和 Palmer 也指出,"即使我们尽力设计出我们认为是真实的测试任务,不同的考生对同一任务可能会有不同的理解方式,真实性说到底是一种主观理解,一种主观判断,带有很强的主观性"(Bachman,1996:29)。因此,测试的真实性是一个度的概念,没有绝对的真实和不真实。真实性是测试开发者要不断追求的一个目标,尽最大可能去接近,要针对所开发的测试的目标语言情景具体来确定。

(2) LSP 测试的专业针对性

LSP 测试的目的是对考生的专门用途语言能力做出测评,专门用途语言能力包括语言能力、策略能力和背景知识,其中背景知识指的是与特定专业和职业有关的专业知识(Douglas,2001)。这里的专业针对性是指被试的专业知识和语言能力会共同影响其在专门用途语言中的测试表现(test performance)和测试结果。语言知识和背景知识的互动性是 LSP 测试的一个主要特征,例如,某一个专业领域的语言在其词汇、语义、句法甚至音系方面都有自己的特征,因此该行业的从业人员能够说或写一些在外行看来无法理解的东西。

在 LSP 测试设计开发中,语言知识与背景知识的互动体现在以下几个层面:首先,在构建测试能力时,就要考虑到专业针对性;其次,测试任务的设计也应该具有专业性,才能保证调动被试相应的话语域;再次,专业针对性也有其相对性,测试内容专业性越强,背景知识所起的作用越大;最后,测试开发需要该专业领域或行业代表的专业意见来评价测试输入材料的专业性。

(3) 对 LSP 测试的争议

国外对 LSP 测试的理论依据存在较大的争议[①]。例如,Widdowson(1978)认为就语言交际目的而言,要考查专门用途语言能力,只需测试考生的语言运用能力就足够了。但这几年来,国外很多学者认识到专门用途语言测试的科学性。其中 Douglas(2001)提出两个理论依据很有说服力:首先,考生在不同专业测试任务中表现出来的语言能力是不同的;其次,特定专业所使用的语言体裁包括词汇、句子、篇章结构和格式是不同的。在实际语言学习和测试中有很多例子,例如,让一批英语水平接近的考生阅读语言难度系数基本相同的 2 篇文章,第一篇是国际贸易文献,第二篇是法律相关文献,尽管这些考生的通用英语水平近似相同,但熟悉国际贸易知识的考生会在阅读第一篇文章时感觉得心应手,得分也会比较高,相同,熟悉法律知识的考生在读法律专业文章时表现出较好的阅读水平,两组考生展现的阅读能力因此也不同。因此,为准确测量考生语言能力,测试内容和任务必须与真实工作中使用的语言一致。这就是 LSP 测试的两个特征:任务的真实性和专业的针对性。Douglas 从策略能力、专业知识、心理语言和外部语境关系等几个方面,详细阐述了专门用途英语与通用英语的本质区别。

由此可见,专门用途语言测试是有必要的,测试的结构效度(construct validity)也是存在的:教什么就应测试什么。真正的专门用途语言测试肯定是小规模的测试,存在于高度专业的领域内,如医学、商务、法律等。这些领域专业程度越高,测试的真实性就越高。

一个成熟的英语考试体系通常都有非常明确的目的。复旦大学的蔡基刚认为专门用途英语考试可有强式和弱式之分。强式是专业类,弱式是跨专业大类的。例如,雅思(IELTS)又细分成针对移民的通用类(General)考试和针对留学生的学术类(Academic)考试。又比如美国教育考试服务中心(ETS)的托福(TOFEL)和托业(TOEIC),一个是学术类,另一个是职场类考试。以上两个例子都是弱式专门

[①] 唐雄英,2004. ESP 能力测试问题再探讨.外语与外语教学,(6):61~64.

用途考试的典型①。美国研究生英语考试也有通用类 GRE 和专业类 GRE(有 16 种不同类考试),还可以选择工商管理类的 GMAT。这样的分类正是对专门用途语言测试存在依据的证明。小规模的专门用途语言测试往往目的明确,与具体的语境有着紧密的联系,考生的范围小,测试设计具有原创性和针对性的特点。

表 2-1 国际性英语水平测试对比(蔡基刚,2012)

类型	通用类	学术类		职场类	
名称	雅思(IELTS)C	雅思(IELTS)A	托福(TOEFL)	托业(TOEIC)	博思(BULATS)
目的	评估应试者是否已具备在英语国家生存所需的基本英语技能	测试应试者在英语环境中就读大学本科和研究生课程的学术英语能力		评估企业和机构员工招聘、决定升迁、海外派驻、培训等方面英语能力	
对象	用于准备移民或出国工作的考生	用于计划到国外高校读本科或研究生课程的考生		用于准备进入主要用英语进行活动的企业的考生	

　　本书所要研究的正是在日益繁荣的中外商贸交流中,在市场极度匮乏合格的商务口译职业译员的背景下,针对商务口译这个领域,开发一个专门用途语言——商务英语测试与口译交际运用测试相结合的小规模专属测试。在无法参照其他既有测试的情况下,测试者往往对某专门用途语言能力的界定、测试任务真实性程度和评分标准的把握等问题感到困难重重。假如测试者过多依赖传统语言测试的经验,结果也会导致专门用途语言交际测试与通用英语能力测试无法区分。虽然该类专门用途语言口译测试在进行确定考试内容、测试任务、评判标准等方面还有不少亟待解决的问题和困难,但绝不能就此认为专门用途语言翻译测试没有存在的必要。

3. LSP 测试设计和开发

　　语言测试的开发是一个系统的过程,Bachman 和 Palmer(1996)在其专著《语言测试实践》中明确提出一个语言测试的开发需要三个阶段,即设计阶段、操作阶段和实施阶段。为了保证所开发的测试有较高的科学性和可行性,需要遵循一定的步骤,并对每一个步骤实行质量监控。

　　Bachman 和 Palmer(2000:17-40)就设计和评价交际测试提出了六项实用性原

---

① 蔡基刚,2012. 通用英语测试和专门用途英语测试——关于 CET 发展趋势及重新定位再研究. 外语电化教学,(4):27-32.

则:信度、构念效度、真实性、交互性、反拨作用和可操作性。其中信度和构念效度是衡量测试质量的最重要指标。

(1) 信度(reliability)

信度指测量的一致性,也就是考试结果的可靠性和稳定性。在经典真分数理论中,依据误差的不同来源,估算信度的方法主要有再测信度(test-retest)、复本信度(parallel forms)和内部一致性信度(最常用的是 Cronbach a 信度)。在运用测试中,由于评分员的主观性也会成为测试误差的一个来源,因此,通常需要计算评分员信度,包括评分员内信度(intra-rater reliability)和评分员间信度(inter-rater reliability)。

(2) 构念效度(construct validity)

构念效度要解决的问题就是要明确定义测试所要测量的那个东西是什么,并收集证据证明它。构念效度的提出标志着测量学界对效度概念认识上的发展和深化。美国心理学会(American Psychological Association, APA)编制的《教育和心理测验标准》第二版(1954)将构念效度纳入效度定义中,效度被分为:内容效度、预测效度、共时效度和构念效度,后来预测效度和共时效度被归成效标关联效度。这种对于效度的三分法在很长的一段时间内都成为效度研究的标准。

20 世纪 80 年代,Messick 提出了"效度整体观"(unified validity),将效度研究带入一个新时代。Messick 将效度定义为"对于测试分数所做的推断,效度就是综合评判在多大程度上收集的实验证据和理论证据支持所做推断的准确性和合理性"(Messick,1989:17)。在效度整体观框架下,效度是"基于多重理论依据和经验证据的论证"(李清华,2014:6),构念效度是其核心,信度、内容效度和效标关联效度都是效度论证的证据。到了 90 年代,Bachman 将 Messick 的效度思想引入语言测试领域中,至此语言测试领域中的研究大多在他的"整体效度"框架下展开(李清华,同上)。

根据 Messick 的效度整体观,效度验证就是一个"从各方面不断搜集证据证明测试分数的解释及其使用有效程度的过程"(Messick,1989:13)。对于效度验证的可操作性阐释,比较具有代表性的当属 Weir(2005)提出的基于证据的社会——认知效度验证框架(a socio-cognitive framework for validating)。他从实践层面提出效度验证应当包括以下五方面的证据。

① 理论效度(theory-based validity),即构念效度。对构念效度证据的收集,Weir 强调应当在测试实施之前,对所测的构念或心理特质进行明确的界定。

② 环境效度(context validity)，Weir 用环境效度取代了内容效度，涵盖了语言使用的社会层面。

③ 评分效度(scoring validity)，指评分结果的稳定性。Weir 将各种信度计算都置于评分效度证据框架下，除了上述的再测信度(test-retest)、复本信度(parallel forms)、内部一致性信度、评分员信度，还有项目反映理论和多面 Rasch 模型等方法。

④ 效标关联效度(criterion-related validity)，包括与考查相同能力的测试比较(comparison with other tests)、与受试的将来行为比较(comparison with future performance)和与外部基准作比较(comparison with external bechmarks)。

⑤ 后果效度(consequential validity)，这方面的证据主要来自测试对社会以及对学生和教师的影响。

(3) 真实性(authenticity)

真实性指"语言测试某项任务的特征与目的语使用任务特征的一致程度"。这个定义是在总结情景真实观(real-life approach)和交互能力真实观(interactional ability approach)的基础上提出来的(Bachman,1991:609-670)。

情景真实性指测试任务的特征与目的语将来的使用情景特征一致，交互能力真实性则强调受试与测试任务之间的交互关系。通常，情景真实设计起来比较容易，主要适用的场合为考生目的语使用区域较为整齐且容易辨别，交互真实观可用于较大规模的语言测试。交际语言测试最好把这两种观念结合起来。

(4) 交互性(interactiveness)

交互性指"考生个人特征参与完成测试任务的程度和种类"。与语言测试关系最为密切的个人特征包括考生的语言能力、话题知识(topical knowledge)和情感图式(affective schemata)。

(5) 反拨作用(impact)

反拨作用指测试对社会、教育体制和个人的影响。

(6) 可操作性(practicality)

可操作性指"测试的设计、开发和应用中所需资源和可用资源之间的关系"。例如，在测试考生语言能力方面，交际测试法能较好体现前五个原则，但在我国师资等水平普遍偏低的情况下，大规模推广仍有一些困难(李清华、孔文,2001:62-65)。

口译是一种典型的交际活动，它的测试内容、测试方法以及评分方法都应体现出一定的交际特点。上述原则为口译测试的命题和评分提供了具体的参照意见。

在这些相互联系、互相影响的原则中,开发设计一套语言交际运用测试要注意照顾周全,并且还要突出重点。例如,要集中关注信度、效度、真实性和可操作性,努力提高口译测试的实用性以及试题和评分的科学性。

Bachman 和 Palmer 提出的语言测试设计原理同样适用于 LSP 测试。由于 LSP 测试通常涉及对某一行业从业人员语言能力的评价,从测试目的来说与一般目的语言测试有所区别。因此,LSP 测试设计和开发具有两个特点:重视目标语使用情景分析,引入行业评价标准。

目标语使用情景分析(或需求分析)要贯穿 LSP 测试设计全过程:从测试构念的构建、测试任务的确定到评分标准的制定,都离不开这一分析。LSP 测试设计最初的工作就是对考试目的、考生因素和行业需求进行分析。测试设计者应事先了解某一特殊目的语言的实际使用者在目标语使用情境中应具备的语言能力和专业知识及需要完成的语言任务。这就需要测试设计者去记录真实语境中的话语,收集这一专业领域专家的意见,以确定这一特殊目的语言的语域、语体、专业知识和语言技能等(唐雄英,2004)。通过需求分析,测试设计者可以收集语言使用者在目标语情景下完成的典型任务,并对其任务特征进行描述和概括。在此基础上,参照任务特征转换成测试任务,最大限度保证测试任务特征与目标语使用任务特征的一致性。

LSP 测试设计还应在测试评分标准方面引入行业评价标准。行业评价标准(Indigenous Assessment Criteria)是"指学术或职业领域的专家们评价新手及其同事的语言交际能力时所运用的标准"(Douglas,2001:172)。行业评价标准不再是对语言能力的单一评价,而是上升到用行业领域的标准来观察被试用特定语言从事某个行业的整体素质。McNamara(1996)指出在真正意义上的行为测试中,语言能力只是评估测试行为的诸多标准之一。测试行为也可以通过任务的完成程度来评价。一定的语言能力是成功完成任务的必要但不是充分条件。因此,仅仅指定语言能力方面的标准,测试开发者有可能忽略目标语使用情景下专业从业者认为重要的一些评价标准。因此,LSP 测试的评分标准应当考虑包括对语言能力的评价和对任务完成度的评价。

2.1.3　McNamara 的 OET 测试设计与开发

交际语言运用测试的主要倡导者包括 Sposky(1972)、Clark(1972;1975)

Morrow(1977;1979;1983)、Carroll(1980)、McNamara(1996)等。其中McNamara在交际语言测试开发与设计方面做出了很多有意义的实践。本节将重点讨论McNamara的OET测试模型。

McNamara是澳大利亚语言测试学家,在墨尔本大学语言测试研究中心从事语言测试教学与研究。McNamara参与开发了测量医务人员与患者交际的能力的OET(Occupational English Test)。他在 *Measuring Second Language Performance*(McNamara,1996)一书中,以他参与开发的OET为例,探讨了工作样本(work sample)第二语言运用测试模型。目前,国内有大量以英语为工作语言的职业,如英语翻译、英语教师、英语导游,以及大量涉外的职业,如民航飞行员、医护人员、律师等,需要获得职业语言技能方面的认证。McNamara的第二语言运用测试模型就是致力于系统、科学的开发该类测试。这对要设计的商务谈判口译测试具有重要的借鉴意义。

1. OET的测试内容

OET是澳大利亚政府发布的面向医疗卫生职业从业人员的专门用途英语测试。其目的是评价应试者在从事医疗卫生工作中有效地用英语交际的能力。

OET的测试内容在传统交际语言运用测试中一直占据核心地位。雅思这类学术目的的英语测试,其内容由需要分析决定。OET是工作样本模式的职业英语测试,其内容选择另有一套程序。

(1) 咨询相关专业人士

决定OET测试内容选择的相关信息主要来自以下三类专业人士。

① 在临床机构中负责任一相关职业的职业培训的专业人士。那些为来自海外的医疗卫生从业者提供直接临床指导的专业人员为OET的测试内容选择提供了重要的信息。

② 在澳大利亚临床机构学习过过渡性课程的海外教育机构的毕业生。

③ 澳大利亚临床机构的过渡性课程的英语教师,他们考察过这些海外教育机构的毕业生和医院工作人员及病人之间的交往,致力于帮助这些毕业生克服交际困难。

在相关数据收集阶段,首先征集了负责医疗卫生从业人员培训的人员的意见。在面谈和对工作地点观察的基础上,列出相关交际任务的初步清单。听取上述第1和第2类相关人士的意见后,设计了调查问卷来确定在培训海外教育机构的毕业生的临床过渡性课程中最常见、最复杂或难度最大的交际任务。

问卷调查在澳大利亚三地 42 名海外医学毕业生中进行。这些被调查者都正在或刚刚完成在临床机构的观察或培训。他们被要求用 5 分量表估测与各类人员的接触频率,5 分为最高频率,接触方式包括面对面交际、电话交际、读写等。这 42 名被调查者还被要求评估这些交际任务的复杂程度和难度。

从调查问卷获得的结果看,面对面口头交际占主导地位,交际对象是病人和医护人员。与病人的口头交际被认为难度最大。与其他医务人员交际中的陈述病案也被认为比较复杂。

(2) 文献搜索

在 OET 开发过程中,相关人员查阅了大量有关医学交际的文献。在有些文献中,医学交际被作为事件来研究:含若干阶段,相互间有时间顺序上的联系。而另外一些文献从社会心理学、会话分析、话语分析等视角探讨交际的过程。

(3) 对工作场所的直接观察和工作分析

OET 的开发者对该测试涉及的各职业的从业人员在工作场所的交际活动进行了充分的观察,并以其中的共性作为相关职业测试的测试任务设计的基础。

(4) 工作场所的语篇收集和考察

OET 的开发人员在工作场所录制了大量的录音材料,内容包括病案讨论会和查病房时的对话,以及看病过程的录像材料。OET 的开发人员也收集和复制了书面语篇。这些材料将用于 OET 中(McNamara,1996)。

这样一套测试内容选择程序其实与 Carroll 的需求分析没有本质区别,都是以被测试人的真实交际活动为依据。但 OET 是职业英语测试,被测的身份、职业、交际场合、交际活动都非常明确。同时 OET 的测试目标也非常明确,就是测量被测人的职业相关的语言交际行为。因此,OET 的测试目标和测试内容的确定之间有更高的相关。

2. OET 口语测试形式与评分办法

由于医疗卫生专业分支较多,OET 口语测试采用相同的测试形式,测试内容则根据被测的专业调整。测试形式为角色扮演的交往题型,时间为 15 分钟。被测人扮演自己的专业角色,对话人扮演患者或患者亲属。考官在一旁观察两个角色扮演的片段。

图 2-3、图 2-4 可以体现 OET 口语测试中角色扮演的题型和程序。

CANDIDATE CARD

Setting: Hospital clinic

Patient: An elderly person who is recovering from a stroke (CVA). The patient is making slow progress in learning to walk again.

Task: Talk to the patient about the following pieces of equipment.

 A wheelchair.

 A walking frame

 A walking stick

 Explain the advantages and disadvantages of each one.

You would like the patient to be as independent in his or her movements as possible. You feel the frame is not appropriate.

You want the patient to have a stick. You do not want the patient to have a wheelchair at the stage.

图 2-3   OET 口语测试考生试题卡

ROLE PLAYER'S CARD

Setting: Hospital clinic

Patient: You are an elderly person who is recovering from a stroke. You feel you are making painfully slow progress, and do not really expect to be able to walk again.

 You feel you should be allowed to have a wheelchair.

Task: Ask the physiotherapist when you will be given a wheelchair.

 Insist on your need for this equipment. Explain that you feel that the painful exercises you are doing at the moment are pointless, and that you are pessimistic about your chances of making real progress.

 Be difficult!

图 2-4   OET 口语测试角色扮演对话人信息卡

  通过这样的卡,被测人和对话人的交际任务被限定。采用专职对话人增加了测试的真实性和测试条件的稳定性,但增加了测试成本。

  OET 口语测试采用语义微分式评分量表,从 6 个方面评价被测人的测试行为:总体交际效果、可理解性、流利程度、理解、语言得体性、语法与表达方式资源。被试在每个方面的表现分成七个等级。这一分析型量表和 FSI 口语面试评分量表有很大差别,6 个分项中的前 5 个都是交际性的,并且总体交际效果在最后分数中占的权重最高。因此 OET 口语测试评分量表是分析型的交际语言运用测试评分量表。

  综上可以看出,交际语言运用测试具有的优点非常明确:能够直接考察被试人的语言运用情况;测试分数有直接意义;由准则语言运用行为和测试语言运用行为之间的相似性来确保测试的表面效度;用工作分析来保证测试的内容效度。同时,交际语言运用测试的缺点也非常明显:由于交际语言运用测试采用的多为主观题型,其交际性非常好,但缺点是信度相对较低;该类测试的质量更多依赖评分人的专业水平,测试实施过程复杂、耗时,而评分人通常不少于2个,以上这些环节均增加了测试的成本和复杂度。

商务谈判口译测试专门针对从事这一行业的职业口译员,属于职业交际语言运用的典型,其使用范围相对较小。但因商务行业特殊的行业标准,与其对应的考试不能只作笼统的说明,也应有明晰的考试规范。商务谈判口译有自身独有的语言文体特征,对各项语言技能的要求也各有侧重,对专业知识的掌握程度,应完成的交际任务及需要的交际策略等方面也都有具体的要求。因此本书研究的测试非常适合使用 OET 测试开发模式。在工作分析的基础上,制定其独立的考试规范是十分必要的。制定商务洽谈口译考试规范的关键问题在于确定考试的内容和任务。

2.1.4 语言测试的效度验证研究

效度(validity)概念最早由美国教育研究指导协会定义为"测验在多大程度上测到了它所要测的东西"。随着科学哲学和心理测量学的发展,效度研究逐渐要求"对成为分数解释基础的那个东西做出明确的理论定义"(王佶旻,2011:132),这种新的效度研究就是构念效度。构念效度要解决的问题就是要明确定义测试所要测量的那个东西是什么,并收集证据证明它。

语言测试的效度理论的发展经历了分类、整体、论证三个阶段(韩宝成、罗凯洲,2013:411)。20 世纪 50 年代至 80 年代中期是分类效度观时期。在这一时期,学者试图对效度进行分类,其中较为具有代表性的分类是美国心理学会(American Psychological Association,APA)编制的《教育和心理测验标准》。在 1954 年的第二版中,效度被分为内容效度、预测效度、共时效度和构念效度。后来又进一步合并了预测效度和共时效度,统称为效标关联效度,即把效度分为内容效度、效标关联效度和构念效度。在这一时期,效度已经从单一的解释发展成为多层面、多类型的概念。效度研究的焦点关注在内容效度、效标关联效度和构念效度这三个方面。

1. 整体效度观与效度验证模式

(1) Messick 的整体效度观

20 世纪 80 年代美国教育与心理测量专家 Messick(1981,1989,1996)提出的"效度整体观"(unitary concept of validity),在语言测试学界引起了广泛的关注。

这个时期标志着语言测试进入效度整体观时期。Messick将效度定义为"对于测试分数所做的推断，效度就是综合评判在多大程度上收集的实验证据和理论证据支持所做推断的准确性和合理性"(Messick,1989:17)。在效度整体观框架下，效度是"基于多重理论依据和经验证据的论证"(李清华,2014:6)，构念效度是其核心，信度、内容效度和效标关联效度都是效度论证的证据。这个观点把整体效度理论和效验理论融合在一起。

Messick认为，构念效度是整体效度概念的核心，其他效度是用来支持构念效度作为整体效度的证据。在他提出的分层效度框架(facets of validation)中，可以更直观地描述其"一元多维"的效度观，如表2-2所示。

表2-2 分层效度框架(改自Messick,1989:20)

	测试解释	测试使用
证据基础	构念效度	构念效度+相关性/实用性
后果基础	价值含义	社会后果

在此框架中，效度验证从左上方的核心内容即构念效度出发，向右下方的价值含义，即社会后果渐进，演进过程中涵括新增要素。因此，效度验证就是收集证据证明构念效度的过程。Messick的效度观在强调构念效度核心地位时还将分数解释延展到测试使用价值含义和社会后果层面，深化了测试开发者和使用者的效度观。

效度整体观体现了现代效度理论，拓宽了效度研究的领域，为效度验证方法指出了新的方向。但该整体观没有为效度验证的操作提出具体指导(Brennan,2006)，抽象的效度整体观缺乏操作性，导致效度验证的实践过程中，出现了理论与实践相脱离的现象。

(2) Bachman和Palmer的测试有用性框架

Bachman和Palmer(1996)、Bachman(2005,2006,2007)尝试对Messick整体效度进行可操作的阐释，提出了测试有用性框架，如图2-5所示。

测试的有用性 = 信度 + 构念效度 + 真实性 + 交互性 + 影响性 + 可行性

图2-5 测试有用性框架

信度(reliability)指测量的一致性，也就是考试结果的可靠性和稳定性。在经典真分数理论中，依据误差的不同来源，估算信度的方法主要有再测信度(test-retest)、复本信度(parallel forms)和内部一致性信度(最常用的是Cronbach α信度)。在运用测试中，由于评分员的主观性也会成为测试误差的一个来源，因此，通常需要计算评分员信度,包括评分员内信度(intra-rater reliability)和评分员间信度(inter-rater reliability)。

构念效度(construct validity)要解决的问题就是要明确定义测试所要测量的那个东西是什么,并收集证据证明它。构念效度的提出标志着测量学界对效度概念认识上的发展和深化。效度被分为:内容效度、预测效度、效标关联效度。这种效度三分法在很长的一段时间内都成为效度研究的标准。

真实性(authenticity)指"语言测试某项任务的特征与目的语使用任务特征的一致程度"。这个定义是在总结情景真实观(real-life approach)和交互能力真实观(interactional/ability approach)的基础上提出来的(Bachman,1991:609-670)。

情景真实性指测试任务的特征与目的语将来的使用情景特征一致,交互能力真实性则强调受试与测试任务之间的交互关系。通常,情景真实设计起来比较容易,主要适用的场合为考生目的语使用区域较为整齐且容易辨别,交互真实观可用于较大规模的语言测试。

交互性(interactiveness)指"考生个人特征参与完成测试任务的程度和种类"。与语言测试关系最为密切的个人特征包括考生的语言能力、话题知识(topical knowledge)和情感图式(affective schemata)。

影响力(impact)指测试对社会、教育体制和个人的影响。

可行性(practicality)指"测试的设计、开发和应用中所需资源和可用资源之间的关系"。

测试有用性框架使得效度验证具有了可操作性,但框架中的六种质量属性间的关联不够明确,该框架在理论上缺乏逻辑连贯性(McNamara,2003)。

(3) Weir 基于证据的效度验证理论框架

根据对于效度验证的可操作性阐释,比较具有代表性的当属 Weir(2005)提出的基于证据的社会认知效度验证框架(a socio-cognitive framework for validating)。他从实践层面提出效度验证应当包括五方面的证据:理论效度、环境效度、评分效度、效标关联效度以及后效效度。

① 理论效度(theory-based validity),即构念效度。对构念效度证据的收集,Weir 强调应当在测试实施之前,对所测的构念或心理特质进行明确的界定。

② 环境效度(context validity),Weir 用环境效度取代了内容效度,涵盖了语言使用的社会层面。

③ 评分效度(scoring validity),指评分结果的稳定性。Weir 将各种信度计算都置于评分效度证据框架下,除了上述的再测信度(test-retest)、复本信度(parallel forms)、内部一致性信度、评分员信度,还有项目反映理论和多面 Rasch 模型等方法。

④ 效标关联效度(criterion-related validity),包括与考查相同能力的测试比较(comparison with other tests),与受试的将来行为比较(comparison with future performance)和与外部基准比较(comparison with external bechmarks)。

⑤ 后效效度(consequential validity),这方面的证据主要来自测试对社会以及对学生和教师的影响。

在 Weir 看来,这五方面效度共同为测试有效性提供支撑。它们按照时间的顺序,即测试形成前、实施阶段以及测试结束之后考量效度问题,目的是为在效验过程的"什么阶段做什么事情"提供规划蓝图。他将语境效度和理论效度称为测前效度证据(a priori validity evidence),而将评分效度、效标关联效度和后效效度统称为测后效度证据(a posteriori validity evidence)。

(4) Bachman 和 Palmer 的测试使用论证框架(Assessment Use Argument)

在"测试有用性模式"的基础上,Bachman 和 Palmer(2010)提出了"测试使用论证"(AUA)的理论框架,从而把效度验证理论融入测试的设计、开发和使用的整个过程,为语言测试的研究和实践拓宽了道路。"测试使用论证"框架包括六个要素和四个环节:六个要素指测试效度验证过程的各个环节所涉及的主张(claim)、依据(data)、理据(warrant)、支撑依据(backing)、反驳(rebuttal)和反驳依据(rebuttals)。四个环节指以测试记录和测试解释为主要环节的测试有效性论证,以及以测试决策和测试效果为主要环节的测试使用论证(详见图 2-6)。

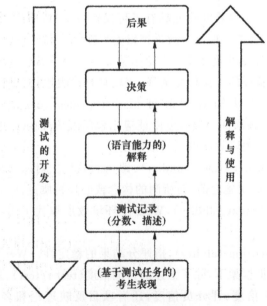

图 2-6　AUA 框架(Bachman 和 Palmer,2010:91)

该框架中自上而下和自下而上的箭头分别表示服务于测试的开发和对测试的解释与使用。测试开发时,框架以测试后果为出发点向前步步推理,为测试开发提供理论依据和合理化论证;在测试解释和使用时,框架以考生基于测试任务的表现为起点,将测试记录、对考生语言能力的解释、测试的决策和后果有机联系起来(徐启龙,2012b:22)。

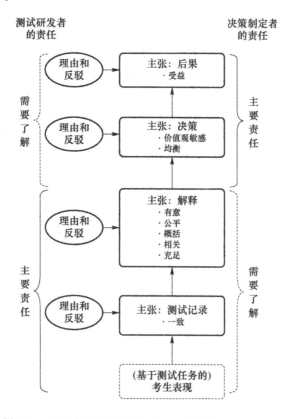

图 2-7 AUA 框架推理链(Bachman 和 Palmer,2010:434)

AUA 的构建过程需要列出"后果""决策""解释"及"测试记录"四个方面待论证的要素,包括主张、理由及反驳。具体来看,AUA 用考生(完成任务的)"表现"作为推理链的出发点,即事实;通过对任务完成情况的评估得到"测试记录";利用测试记录与语言能力(构念)间的关联得到关于语言能力的"解释";依照对语言能力解读的结果制定相关"决策";最后,测试的使用及决策的实施产生预期的"后果"。

Bachman 和 Palmer(2010)的测试使用论证框架吸收了前人理论研究的基础,涵盖了传统意义上的信度和效度概念,强调对测试使用合理性的论证,将测试设计、实施和使用统一起来,使效度验证贯穿于测试产品的设计、开发和使用全过程中。对提升语言测试开发和使用全过程的公信力有重要作用。AUA 为语言测试效度论证奠定了扎实的理论框架。

2. 效度验证证据的收集与分析方法

美国心理学会的《教育和心理测验标准》（以下简称《标准》）中，将效度认为是统一构念，效度证据的来源有多个种类，而不是效度有多种。《标准》把证据来源分为五类：基于测验内容的证据（evidence based on content）、基于反应过程的证据（evidence based on response process）、基于内部结构的证据（evidence based on internal structure）、基于与外部变量关系的证据（evidence based on correlation with other variables）和基于测试后效的证据（evidence based on consequences of testing）。结合 Messick 效度验证框架的理论以及 Weir 基于证据的整体效度验证理论，《标准》提出的证据来源与理论中的五个方面验证有异曲同工的效果。这也告诉我们无论对效度证据的来源如何分类，效度证据的作用都是同一的，都是为测试提供效度证据的。

效度验证不是一劳永逸的即时过程，而是一个使用多种方法从多方面、多渠道不断进行证据积累的历时性论证过程。在构念效度的验证过程中，获取证据的来源越广泛，证明测试使用或分数解释有效的说服力就越强。这些证据可以来自理论文献、前人研究结果，也可以来自施测过程中的实证研究。研究者可通过以下具体的定性和定量方法来验证构念效度。

（1）定性研究方法

验证构念效度的关键是考查某一测试项目实际上测量了什么能力。听、说、读、写是语言的四个宏观技能，每一种宏观技能又包含了若干分支能力、技能或策略。设计测试项目时，就要保证不同的项目测量不同的能力或构念。若有证据表明某一题目的作答除了反映所拟测量的能力或特质外，还反映了其他因素的影响，则说明该题目没有较好地体现理论构念（孙德金，2005）。为了考查各个项目实际测量了意欲测量的能力，可以通过以下几种方式进行效度验证。

① 反思口头报告（retrospective verbal reporting）。反思口头报告，在测试后随即让考生回忆先前的思维过程，可以通过访谈和调查问卷的形式考查他们的思维过程。在阅读、写作以及听力测试中，考生的试卷是内省的有利提示。在口语测试中，可以对考生的表现录音或录像。

② 有声思维（think aloud）。让考生一边作答一边陈述其思维过程或认知加工过程。该过程可以收集测试实际上在测什么的有利证据，以此观察测试题目考查的具体能力。

③ 专家调查问卷(expert questionnaire)。向专家发放调查问卷。针对测试拟测量的分支技能和能力,将从考生和专家那里获得的定性数据与测试开发者的预期相比较,以此得出结论,即测试项目是否考查了拟测量的能力。反思、访谈以及调查问卷可以先在小规模范围内进行,进而扩大调查人数,获取更多数据说明考生对于被测技能或能力的认识和看法。

④ 话语分析(discourse analysis)。该方法越来越多地被使用在口语测试开发中。研究者对口语测试过程进行录音转写,使用话语分析的方法研究口试情景中考生、考官在不同任务中的话语特征。在本研究中,话语分析使用在工作分析阶段。语言运用测试的特点决定了测试题目一定要源于真实交际场景。为了进一步了解职业口译员在真实工作情景下的语言使用特征,话语分析将在真实谈判对话录音的基础上,对谈判对话情景下的语言特征做出推断、分类和归纳。话语分析为本研究测试工作分析阶段的重要方法之一。

(2) 定量研究方法

证明构念效度的定量研究方法主要包括内部相关分析(internal correlation analysis)、因子分析(factor analysis)和这几年较为盛行的多面 Rasch 模型分析(multi-facet Rasch model analysis)。

1) 内部相关分析

内部相关分析通过计算测试内部各部分(test component)间的相关系数或相关程度,可以获得效度验证的依据。测试成分指测试的组成部分,在形式上像一项单独测试,有时也被称为"子测试"(subtest),包含其自身的考试说明和考试时限,测试成分通常基于某一技能,如听力理解、阅读理解、写作等。所谓相关,就是在两个变量之间建立函数关系,看两个变量(两个项目)是否具有相同的变化趋势。此方法不需借助外部标准,对测试题内部进行统计分析即可完成。测试中设置不同的测试成分的前提是,假定它们测试了不同的能力,在考查构念效度时,期望测试内部各个成分间的相关系数低。因为如果两个成分相关系数高,很可能说明它们测量的是相同的特质或能力,那么就要舍弃其中之一。但每一个子测试与整个测试的相关应该比子测试之间的相关高,因为整体分数是对语言能力总的衡量结果(Alderson et al.,1995:184)。

2) 因子分析

因子分析的主要功能是从测试全部变量中提取一些公因子,各公因子分别与某一群特定变量高度关联,这些公因子即代表了测试的基本结构。通过因子分析可以考察测试是否能够测量出研究者设计测试时假设的某种结构。因子分析可以分为探索性因子分析和验证性因子分析。探索性因子分析的目的是发现观测数据中的基本结构；验证性因子分析通过实际观察数据，评价理论预测的数据结构和实际观察到的数据结构之间的拟合程度，最终达到评价理论是否符合实际情况这一目的(邹申，2005：217)。

3) 多面Rasch模型分析

多面Rasch模型的优势就是考生能力和项目难度可以在同一个量尺上来度量，并计算每个度量值的估算误差与模型的拟合程度以及每个层面之间可能的交互作用。

多面Rasch模型分析结果中有以下主要概念。

① 度量值(measure)：每个层面中的个体在共同标尺上的数值。FACETS将所有层面中的每个个体的度量值都转化为以洛基为单位的统一度量值，便于各层面之间的比较和分析(李清华、孔文，2010)。本研究计划涉及4个考察面，评分员严厉度、被试的能力(分数)、任务的难易度、评分标准中每个维度的使用情况都可以在总层面图上直观地表现出来。

② 拟合统计量(fit statistics)：每个层面中的个体在实际观察值与模型预测值之间的拟合程度。拟合统计量分为加权均方拟合统计量(infit mean square)和未加权均方拟合统计量(outfit mean square)。因为后者更容易受到个别差异较大的数据影响，所以一般把前者作为判断个体是否是拟合模型的依据(李清华、孔文，2010)。拟合度在0.5~1.5之间是可接受的拟合范围(Linacre，2010；Weigle，1998)，在0.7~1.3之间为高度拟合。拟合值＝1，说明数据与模型预测完全符合；拟合值＞1，说明数据和模型存在随机偏差，为非拟合；而拟合值＜1，则说明数据之间的差异小于模型预测，为过度拟合。拟合统计量通常结合Z值来判断。$Z>2$属于显著非拟合，而$Z<-2$则属于过度拟合。在Rasch模型分析中，效度的意义是：如果非拟合情况较少，则有证据说明该评分标准的效度较高(Wright & Masters，1982)。

③ 分隔系数(separation)和分隔信度(reliability)：衡量个体之间存在显著差异的程度。对于被试能力而言，分隔系数和信度的值越大，说明该测试的区分力越强；对于评分员来说，分隔系数和信度的值越大，则说明评分员之间的差异越大，评分的一致性越低。我们用卡方检验来检测分隔系数是否显著。如果$p<0.05$，则说明该层面个体间在统计上有显著差异。

④ 偏差(bias)分析：指实际分数偏离模型预测值的情况。显著偏差占所有项目的比例在5%左右为可接受范围(McNamara，1996)。

多面 Rasch 模型可对口译测试结果和评分标准进行有效的效度验证。根据以上多面 Rasch 模型对评分标准、评分员、被试和任务 4 个方面进行的效度检验和偏差分析的结果,期望获得对证实本研究测试的效度的有效证据,即分项评分标准和任务设计方法能否体现并合理区分被试实际口译能力。

2.2 商务谈判口译能力构念的研究

本节将对相关的几种语言能力及其构念进行梳理,包括交际能力模型、翻译能力、口译能力、专门用途语言能力,并在此基础上对本书针对的商务谈判口译测试的口译能力构念进行构建。

2.2.1 交际能力模型

在第二语言能力(second language ability)理论中,语言运用(performance)究竟发挥什么样的作用?本节旨在语言运用测试框架下对语言运用的本质和隐含其中的语言运用能力进行探究。

20 世纪 60 年代开始,学者对语言能力本身的探讨引发了不少语言学家对交际能力的探索。随之,"语言能力"与"交际能力"的概念逐渐被大家接受。语言交际能力到底是什么,人们的认识不尽相同。乔姆斯基(Chomsky)提出了"语言能力"(linguistic competence)概念,他认为"能力"是指内化语法,是说话双方具有的语言知识。语言能力不是处事的能力,也不是组织句子、理解句子的能力,而是比语言本身更抽象的一个知识体系,是一套系统性的原则。乔姆斯基提出的"语言能力"引起了不少争议。

另一位具有代表性的人物是社会语言学家海姆斯(D. H. Hymes)。1972 年,他提出了"交际能力"(communicative competence)这一概念。与乔姆斯基不同,他认为,交际能力是"何时说,何时不说以及关于何时何地以何方式与何人说何内容"(Hymes,1972:270)。海姆斯第一次提出了"交际能力"这一概念后,在语言学界引起了强烈的反响。随后,卡纳莱和斯万(Canale & Swain)以及巴赫曼和帕姆勒(Bachman & Palmer)都曾尝试清楚阐述他们对语言运用在语言交际能力模型中的地位的理解。

这些知名学者对语言交际能力本质的讨论可以总结为三个层面:他们如何理解构成某一种语言知识(knowledge of a language)的因素;如何理解隐含在个体在

完成某个语言相关的交际任务时所使用的能力因素,也就是海姆斯说的:语言的使用能力(ability for use);在以上两个层面基础上又如何认识真实语言使用场景。

本节将就该领域著名语言学家在交际语言能力模型构建中对以上几个层面的思考和解释进行梳理,并借此发展构建出口译——这种高级语言交际能力的理论模型支持。

1. 海姆斯交际能力理论

1972年,海姆斯(Dell Hymes)在其发表的"On Communicative Competence"一文中首次提出了"交际能力"概念。海姆斯认为人的能力(capacity)包括语言知识(knowledge)和使用语言的能力(ability for use of language)。语言能力只是交际能力的一个组成部分,一个人具有交际能力,是指他不但获得语言规则的知识,而且还获得语言在社交中使用的规则。也就是说,如果说一个人具有交际能力,那他应该清楚地知道对什么人在什么场合和什么时间用什么方式讲些什么和不讲什么(Hymes,1972:277)。"交际能力"由四个参数相互作用构成整体(Hymes,1972:270-288)。

(1) 可能性程度(degree of possibility)。某一语言系统中可能存在的东西,如语音、语法、句法、词汇、语义、语用等方面的知识。

(2) 可行性程度(degree of feasibility)。语言使用者个人心理方面的语言容量,如个人的记忆力和认知能力。

(3) 合适性程度(degree of appropriateness)。在交际中言语行为的表达是否得体,如对交际背景、目的、常规、参加者等因素的合理考虑。

(4) 出现性程度(degree of performance)。言语行为能否发生。

从这些因素来看,一个人的交际能力不仅应包括语法知识和语言能力,而且应包括心理、社会文化和使用概率等方面,是一种综合判断能力。海姆斯提出的交际能力理论极大地拓展了语言研究的视野,对后来的语言研究和外语教学产生了巨大的影响。

海姆斯交际能力理论中最重要的探讨就是对知识和运用的分辨,如表2-3所示。

表2-3 海姆斯对语言知识和运用的理解

Writer	Model of knowledge		Model of performance	Actual use
Hymes	Communicative competence		Performance	
	Knowledge	Ability for use		

乔姆斯基认为语言研究的目的是解释语言能力,语言行为会受到大量外界因素的干扰,因而语言行为本身不能作为研究语言的材料。而海姆斯则认为那些杂乱无章的语言行为是有规律可循的。他曾经指出"语言必须有使用规则,否则语法规则就没有意义①"(Hymes,1972:271)。但遗憾的是,海姆斯对语言使用做了大量的论述,但并未具体说清语言的使用规则。

随着语言学研究的不断发展,人们对海姆斯交际能力模型不断研究,发现了其存在的一些缺陷:就模型的四大参数而言,在操作性层面上存在很大的随意性和不确定性。海姆斯的交际能力还强调外部环境对语言行为所施加的作用。然而过分强调语境的作用,甚至把话语情景不断地绝对化,那就无异于情景决定论(潘威鸣,2011)。

2. 卡纳莱和斯万的交际能力模型

20世纪70至80年代,Munby、Savignon、Widdowson等研究人员对交际能力继续研究,提出了自己的见解。卡纳莱和斯万(Canale & Swain)在1980年提出了操作性更强的交际能力模型,见图2-8。这一模型认为交际能力存在三个方面因素:①语法能力(grammatical competence),这方面与乔姆斯基所阐述的深层语言能力基本相同;②社会语言能力(sociolinguistic competence),这与海姆斯所提出的语言使用的适应性能力基本一致;③策略能力(strategic competence),这是以前的模型中所没有涉及的,是用于补偿语言能力不足进而完成交际活动的能力。Canale在1983年对这一模型加以扩充,又增加了第四个层面:语篇能力(discourse competence)。

在这个模型中,"语法能力"指语言本身的知识,包括词汇、构词规则、语音、句法等方面,指的是在句子层面上遣词造句的能力。这种能力直接地集中在正确理解和精确表达所说话语的字面含义所需的知识和技能上(Canale,1983)。

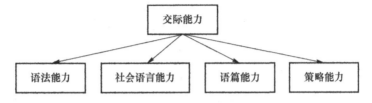

图 2-8 Canale & Swain(1980)和 Canale(1983)的交际能力模型

---

① 原文为:There are rules of use, without which the rules of grammar would be useless.

"社会语言能力"指在不同的社会语言环境中恰当地理解和表达话语的能力，这就涉及其他的社会因素，如社会地位、社会角色、礼节、习俗等。话语应该在语义和形式两方面都是适当的。

"语篇能力"指把语法形式和意义融合在一起，用口头或书面形式连贯地表达不同种类语篇的能力。语篇的完整统一通过语言形式的衔接和语义的连贯来实现，是超越句子层面来组织言语的能力。

"策略能力"指为了加强交际效果或弥补由于缺乏交际能力等因素引起的交际中断所使用的策略，包括言语和非言语两方面(Canale,1983)，是交际过程中的一种应对策略(Stern,1978)。

综上,Canale 和 Swain(1980)以及 Canale(1983)的交际能力模型是在借鉴前人和自己的理论模型基础上构建起的一个新型交际模型。该模型吸收了语篇能力和策略能力两个新因素，也充实丰富了 Hymes 的交际能力这一概念。与以往的理论框架相比，该模型提出的交际能力内容更为丰富。

然而 Canale 和 Swain 模型的最大问题在于，该模型中各个组成部分之间的区别尚不明了(Popham,1990)，也没有明确指出语言运用能力与语言知识的区别(Taylor,1988)，更无阐明四种能力之间的关系如何(Harley et al.,1990)。由此可以得知，该模型中四个方面的交际能力在内容本质上是孤立的，各子能力彼此之间，子能力与整体构建能力之间没有交互作用，是一个静态的结构(Bachman,1990)。

3. 巴赫曼的交际语言能力模型

巴赫曼(Bachman,1990,1998)认为 Canale 和 Swain 的交际能力模型的问题是没有指明交际能力的各组成成分是怎样相互作用的，也没有提及语言使用者是怎样运用交际能力来和语言场景以及其他语言使用者相互作用的，整个模型是一个静态的框架。于是，他推出了新的语言交际能力 CLA(Communicative Language Ability)模型。Bachman 在 *Fundamental considerations in language testing*(1990)(《语言测试要略》)以及 Bachman 和 Palmer(1996)的 *Language testing in practice*(《语言测试实践》)中提出了交际语言能力。他认为语言能力应包括"语法规则知识和如何使用语言达到特定交际目的的知识；语言使用是一个动态过程，语言能力的各成分之间互相作用"(Bachman,1990:84)。CLA 模型丰富和发展了交际语言测试理论，推动交际语言测试进入完善阶段。

(1) Bachman 的交际语言能力模式

Bachman(1990:84)认为"交际语言能力就是把语言知识和语言作用的场景特

征结合起来,创造并解释意义的能力。①"他将交际语言能力分为三大成分:语言能力(language competence)、策略能力(strategic competence)与心理生理机制(psychophysiological mechanism)。Bachman 用图 2-9 形象地表示出交际语言能力的构成及其内在关系。

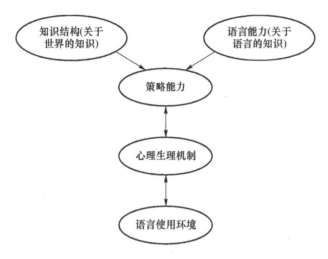

图 2-9　语言交际能力的构成(Bachman,2000:85)

第一部分的语言能力由一套语言交际中使用的具体知识组成,包括组织能力(organizational competence)和语用能力(pragmatic competence),这两种能力又分为更小的范畴,如图 2-10 所示(李清华、孔文,2001:63)。

第二部分的知识结构(knowledge structure)指语言使用者的社会文化知识及现实世界知识。

第三部分是策略能力(strategic competence),指的是在具体交际时运用各种语言知识的心理能力。语言的使用是一个动态的过程,涉及对一定语境中相关信息的判断、取舍和语言使用者对语义的协商等。Bachman 吸收了前人的研究成果,建立了较为宽泛的交际策略能力模式,其中包括四组元认知策略,即评价策略(assessment strategies)、确定目标策略(goal-setting strategies)、制订计划策略(planning strategies)和执行计划策略(execution strategies),如图 2-11 所示。其中,评价策略可以帮助语言使用者判断需要用哪种语言、语言变体或方言能更有效地交流信息或实现特定的交际目的,判断对方交际(interlocutor)的能力和知识,判

---

① Both knowledge, or competence, and the capacity for implementing or executing that competence in appropriate contextualised communicative use.

断交际目标的实现程度。

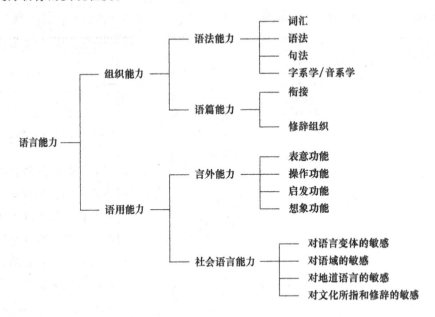

图 2-10　语言能力的组成(Bachman,1990:87)

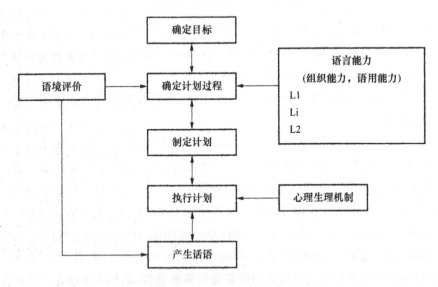

图 2-11　Bachman 的语言使用模型(Bachman,1990:103)

制订计划策略可以使我们选择有关语言知识制订一个计划达到交际目的。执行计划的功能是通过适当的心理生理机制(psychophysiological mechanisms)把上述计划付诸实施(李清华、孔文,2001:63-64;杨满珍,2002:41)。

语言是用来交际的,使用语言将自己的话讲给别人听或理解别人说的话,不仅涉及主题内容、功能目的,还涉及情景的得体性。因此,这就需要所有语言策略和语言知识的各个方面同时相互作用,即上述三种策略都要与语言知识的各个方面相互作用(Bachman,1991)。

第四部分是心理生理机制,指人们用语言进行交际要通过一定的神经生理过程完成,如视觉和听觉渠道,生成和接收方式等。

最后一部分语言使用的环境(context of situation)包括交际双方、环境、话题和目的等。

综上所述,Bachman认为交际语言能力由语言知识和一系列认知策略组成,是把语言知识和语言使用的场景特征结合起来,创造并解释意义的能力。该模式充分肯定了认知策略、语用知识在交际能力中的作用,策略能力被认为是任何交际活动中不可或缺的重要组成部分。

1996年,Bachman和Palmer对语言交际能力模型做了重大修订:首次把语言使用中的情感因素(affective factors)提取出来,放在一个显著的位置上,如图2-12所示。

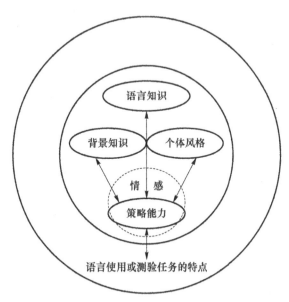

图2-12　Bachman和Palmer(1996)语言交际能力模型

Bachman和Palmer(1996)发展和细化了1990年的交际能力模型,并且把它和语言测试紧密联系起来。他们认为,如果人们要使用测试分数对被测者做出某种评价或判断的话,就必须首先说明测试表现和真实环境中的语言使用之间有多大的一致性。因而如果以语言测试为目的，就应该把语言能力放到语言使用的互动模型中去讨论。这个模型一方面包括了语言使用者或被试的各项特质：个体风格(personal characteristics)、背景知识(topical knowledge)、情感图示(affective schemata)和语言能力(language ability)；另一方面，也包括了这些特质和语言使用的情境或测验任务之间的相互作用。这里所指的语言能力包括语言知识和策略能力两部分，这一点和1990年的模型是一致的。此外，还有一点重大变化是，在1996年的模型中，Bachman 和 Palmer 明确提出了策略能力是一种元认知策略(metacognitive strategies)，处于模型的枢纽地位。策略能力既联系着个体内部的属性，又将这些属性与语言使用任务及情景联系起来，起着至关重要的纽带作用。

在这两个模型基础上，Bachman 和 Palmer(2010)对交际语言能力模型进行进一步修改，将其扩充为交互式和非交互式两种类型，如图2-13所示。

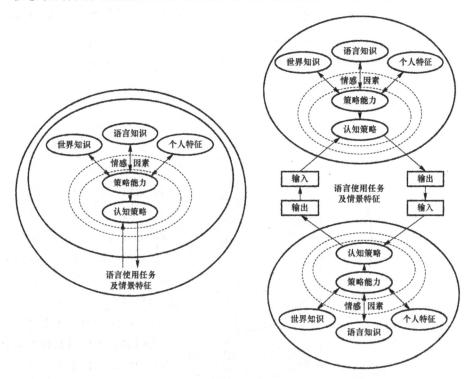

图 2-13 Bachman 和 Palmer(2010)交互式与非交互式语言交际能力模型

该模型比以往更加注重语言使用者的认知能力在语言使用过程中的地位和作用，并被放置于交际语言能力模型的核心位置。Bachman 和 Palmer(2010：34)指出，语言能力可以被定义为语言使用者运用语言创造和解释意义的能力，其中意的创造即语言表达能力,意义的解释即语言理解能力。语言学习者在接触到语言输入后,运用认知能力对信息进行加工处理,策略能力即元认知策略,对这一过程进行计划、监控、评估。情感因素影响着认知和元认知过程。学习者的个人特征、语言知识、世界知识和元认知策略之间相互影响(Bachman & Palmer,2010:43-52)。

4. 交际能力模型的演变和对语言测试的影响

由图 2-14 可以看出,交际语言能力发展的几个重要模型的功能和涵盖面越来越趋于完善和系统化。特别是 CLA 模型将以往模型的优点集于一身,认为语言交际能力是把语言知识和语言作用的场景特征结合起来,由语言知识和一系列元认知策略以及心理生理机制组成,这在交际能力的构念上给出了十分全面的解释。

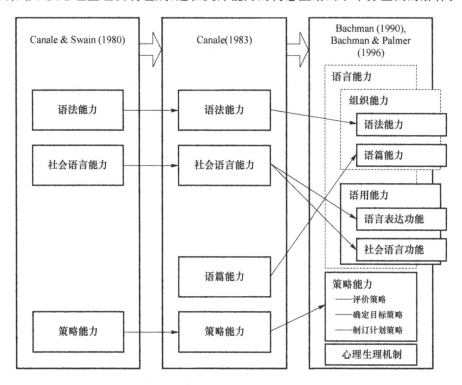

图 2-14 各交际能力模型演变的成分变化(潘威鸣,2011)

Bachman 之前提出的语言能力模型基本都是静态的。而 Bachman 的 CLA 模型强调了交际能力各部分之间,以及它们与语用环境、语言使用者的知识结构之间的相互作用。他在这个层面超越了之前所有模型。其次,Bachman 发展了前人对策略能力的认识。他将策略能力的地位提到了前所未有的高度,并以策略能力为核心提出了语用模型。最后,Bachman(1990)的 CLA 还有一个很大的贡献——它为语言测验提供了理论基础(王佶旻,2002)。

交际语言能力在不同时期的发展及其内涵演变在很大程度上影响着语言测试的内容和形式。自20世纪70年代交际语言能力这一概念提出以来,语言测试也逐渐从心理测量——结构主义时期盛行的分立式测试(discrete-point test)向交际语言测试(communicative language test)过渡。

早期交际语言测试的特点可以用以下几个关键词总结:"真实生活中的任务"(real-life tasks)、"表面效度"(face validity)、"真实性"(authenticity)、"语言表现"(performance)(Fulcher,2000)。从这些关键词可以看出,早期交际语言测试的核心特征就是真实性。Bachman(1990)认为,"真实性就是受试者和测试任务之间的一种交互关系"。20世纪90年代的交际语言测试观基本上受到Bachman的交互语言使用观的影响。受此影响,Davies等人(1999)认为,交际语言测试对语言的测量是在语境中进行,而且经常包含真实的任务和交互作用。

进入21世纪,语言测试领域对于交际语言测试的"真实性"这一问题的认识也在不断加深。Weir(2005)在总结先前研究的基础上,扩大了语言能力的内涵,提出了一个语言测试效度研究的社会认知框架(a social-cognitive framework)。该框架包含六类效度证据:受试者特征、语境效度、理论效度、评分效度、后果效度以及效标关联效度。与之前的交际语言能力理论相比,Weir的社会认知框架的一大特点就是用语境效度代替了传统意义上的内容效度,这表明对测试内容的检验不能仅根据相关的理论基础,还应受到语境因素的影响和制约。

2.2.2 翻译能力研究

翻译能力研究一直是20世纪70年代以来国内外学者关注的热点之一,翻译能力构成研究层出不穷,角度多样,众学者(Toury,2012;Beeby,2015;Neubert,2000)从理论推导和实证验证的不同层面对其进行了阐述。Pym(2003)认为自20世纪70年代以来,翻译能力的研究主要经历了两个阶段。第一阶段,翻译能力被认为是语言能力的综合,是源语和目标语熟练运用的能力。翻译研究被定位在应用语言学学科中,译者培训也是在语言学校中进行。随着翻译学科的独立,这种观点被否定了。第二阶段,翻译能力被认为是由一系列的子能力构成,即多成分模式阶段。这种多成分模式"体现了翻译学在成为一门独立学科后翻译学者对培养专业翻译人才的努力,是当今最流行的能力模式"(马会娟,2013:56)。这一模式对翻译教学和翻译测试具有非常大的指导作用,尤其是对于翻译测试的开发而言,多成分模型尝试把翻译能力分解为"一些可以表征的行为进行测量"(肖维青,2012:58),这有助于对翻译能力进行科学的评定。

在所有国外有关多成分构成的翻译能力研究中,影响力最大的莫过于西班牙翻译能力习得过程和评估专项研究小组(Process of the Acquisition of Translation Competence and Evaluation,PACTE)。该小组自1997年成立以来,一直专注于翻译能力的研究,并始终坚持以实证实验法来研究翻译能力的特点、构成以及对翻译能力的评估,小组研究取得了丰硕的成果(2000,2002,2003,2005,2008)。他们认为翻译能力就是翻译过程中所必需的知识和技能系统。翻译能力不仅仅是一种语言技能或知识,也不仅仅是一种交际能力。该团队提出了翻译能力包含六大因素:双语交际能力、语言外能力、转换能力、职业能力、心理生理能力、决策能力,这一系列子能力相互作用构成翻译能力,他们之间的关系是动态的。

小组成立之初就根据实证研究提出了一个翻译能力早期模型,包含六种子能力,分别是双语交际能力、语言外能力、转换能力、心理生理能力、操作职业工具能力以及策略能力。在这个模型中,小组认为翻译能力的核心是转换能力,而策略能力会影响整个翻译活动过程。

针对翻译能力,小组首先提出一个假设,随后设计相关实验验证。根据实证数据,PACTE小组修订了最初的模型,该模型中翻译能力分为双语交际能力、语言外能力、策略能力、工具能力、翻译知识能力、心理生理要素六部分。

在随后的一系列更加深入和广泛的实验后,小组对模型进行了修正,详见图2-15。

早期的双语交际能力由双语能力(biligual subcompetence)替代,指的是用两种语言进行交流时必备的程序性知识,包括语用、社会语言、语篇、语法及词汇知识。

语言外能力没有变化,指关于常识和专业学科的外显的和内隐的说明性知识,包括母语和目的语文化知识、一般领域的百科知识和专业领域的主题知识等。

策略能力(strategic subcompetence)成为整个翻译能力的核心,它影响着其他所有能力。

早期的操作职业工具能力由工具能力(instrumental subcompetence)替代,是程序性知识(procedural knowledge),"指使用文献资料及翻译过程中的其他通信技术方面的能力,如词典、百科全书、语法书、平行文本、电子语料库和搜索引擎等"(仝亚辉,2010:90)。

翻译知识能力(knowledge about translation subcompetence)是新增的表述,

指的是关于翻译与该职业的一些外在和潜在的说明性知识(declarative knowledge),包括了解翻译过程如何进行,以及职业操作问题等。

早期的心理生理能力被"心理生理要素"(psycho-physiological components)替代,包括各种不同的认知、态度以及心理活动机制,影响整个翻译过程。

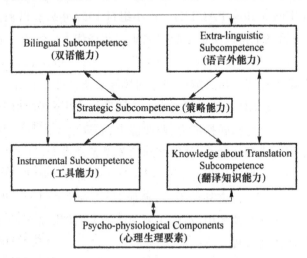

图 2-15　PACTE 小组修订后的翻译能力模型

PACTE 小组所提出的翻译能力模型是目前为止最为全面、最为复杂的,为翻译能力研究提供了重要的思路和方法,同时也对翻译教学和测试研究产生了一定的影响。该小组一系列研究的重要贡献在于:①明确指出翻译能力和双语交际能力是有本质区别的,具有双语交际能力的人不一定能够胜任翻译工作;②通过实证的方法验证了翻译能力是由多项相互影响的子能力构成的。

但 PACTE 小组在其翻译能力模型中对语言能力的阐释与"主要的现代语言能力模型不符"(王振亚,2012a:45)。PACTE 小组将语言能力解读为程序性知识,由语用、语篇、语法等方面的知识构成,该语言能力模型没有揭示语言知识和使用能力与语言外能力之间的关系。"从逻辑顺序上说,先探讨语言知识,再探讨运用这些知识于交际活动中的能力更为自然"(王振亚,2012a:45)。

本书认为翻译活动是一种交际活动,翻译具有交际性,因此,以下将重点介绍几个交际翻译能力模型。Nord(1992:47)认为"翻译是两种不同文化成员之间的交际互动,交际功能是文本性的决定性标准",而面向译文的文本分析则是实现交际功能的必要条件。因此,她的交际翻译能力模型中包括如下子能力:文本接受与分析能力(competence of text reception and analysis)、研究能力(research competence)、转换能力(transfer competence)、文本产出能力(competence of text production)、翻译质量评估能力(competence of translation quality assessment)和双语与文化能力(linguistic and cultural competence both on the source and target side)。

Cao(1996b)的交际翻译能力模型(见图2-16)是从Bachman(1990)的交际语言能力模型衍生出来的。Cao认为翻译行为的本质是交际性,翻译能力就是"为了满足跨文化和跨语言交际的目的,能够在特定语境下使用知识完成翻译任务的能力"(1996:327)。对于翻译能力的构成,Cao提出交际翻译能力包括翻译语言能力(translational language competence)、翻译知识结构(translational knowledge structures)和翻译策略能力(translational strategic competence)。翻译语言能力与Bachman(1990)语言交际能力模型中语言能力的内涵基本一致,只是将Bachman模型中的语言能力由单语扩展到双语,具体包括:母语和目的语的组织能力,由语法能力(grammatical competence)和篇章能力(textual competence)构成;母语和目的语的语用能力,由语外能力(illocutionary competence)和社会语言学能力(sociolinguistic competence)构成。翻译知识结构指译者为完成翻译中语际间和文化间交际所需要的知识,包括世界知识(general knowledge)、专业知识(special knowledge)和文学知识(literal knowledge)。翻译策略能力,即使用知识的能力,是内在的综合认知能力,具体体现在执行任务和实施语言能力以及知识结构能力的过程中。对于翻译策略能力的具体构成,Cao认为包括两方面:一是普遍策略能力,即Bachman模型中的使用能力,它存在于所有语言使用者使用语言的过程中,包括"评价、计划和实施"(Bachman,1990:100);二是翻译所独有的策略能力对其作用的阐释,Cao借鉴了释意派理论指出它是用于对原文意义进行重组、类推分析,进而找到实现翻译交际目标的最有效的方式。

图2-16　Cao交际翻译能力模型

Colina(2003)也同样强调翻译是一种特殊的交际能力。她认为"尽管译者的任务是忠实于原文,不需要对源语篇的意义负责……但是,译者为了达到翻译的目的,满足述要的要求,需要对源语篇的意义进行翻译,用目的语来表达,同时要在源语与目的语语言与文化规范中进行协商……译者在翻译过程中同样扮演着交际者的角色,需要在文化与语言不同的两个人之间传达信息(2003:25)。"作为一种特殊的交际能力,Colina指出交际翻译能力包括母语交际能力、目的语交际能力以及跨语言和跨文化交际能力三个方面。

国内有关翻译能力构成的研究从2000年以后开始。期间的研究大致可分为三类:第一类是在介绍国内外翻译能力构成研究的基础上提出自己新的翻译能力构成模式(如:姜秋霞、权晓辉,2002;杨晓荣,2002;刘宓庆,2003;文军,2004;苗菊,2007;杨志红、王克非,2010;王振亚,2012a);第二类从教学实践的角度研究翻译能力构成(如:穆雷、郑敏慧,2006;钟守满、雷雪莲,2009;李家春,2012;任大玲,2013);第三类以实证的方式验证或构建翻译能力模型(如:海芳,2004;陈怡,2010;钱春花,2011,2012)。国内研究者们在借鉴国外研究的基础上,对翻译能力构成的内涵进一步挖掘、研究的视角也渐趋多元化,从不同的角度提出了新的模式,并且注重用实证研究的方式建立或修正翻译能力的构成模式。

国内学者王振亚(2012a)提出的翻译能力模型(见图2-17)也是建立在Bachman(1990)的交际语言能力模型基础之上的,不同的是王振亚将Cao模型中的普遍策略能力分离出来。为了避免术语上的混淆,王振亚沿用了Hymes(1972)阐述交际能力原型时使用的术语——使用能力(ability for use),将翻译过程独有的策略能力定义为转换能力。

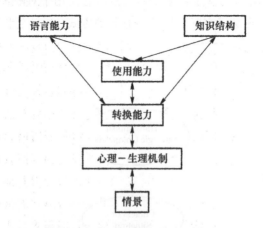

图2-17 王振亚的翻译能力模型

王振亚(2012a:46)认为转换能力包括:"源语言理解能力、源语言和目标语言之间的转换能力和目标语言生成能力"。转换能力中的源语言理解策略与使用能力中的理解策略有相似性,但两者的目的不同。前者以翻译为目的,因此针对不同体裁的语篇,不同的翻译任务,理解策略也就不尽相同。转换策略指依据语义对等原则、功能对等原则、文体对等原则实现语篇中不同层次(levels)、各个级别(ranks)上的转换,包括:语音、语符转换、词汇转换、句子结构转换、语篇结构转换等。目标语言生成能力与使用能力中的语言生成能力的差别在于前者融入了转换能力。

该模型的另一个显著特点是对情景成分的解释。王振亚以语境语言学为理论依据,将影响翻译行为的一些非核心因素或非不可或缺的因素都纳入情景中,如研究能力、职业能力、工具能力、人际能力等。王振亚认为翻译活动的复杂性很大程度上由这个情景成分体现。

上述的 Cao 和王振亚等几位学者所提出的模型,都是借鉴了交际语言能力模型而搭建的交际翻译能力模型。他们的共同点在于,对翻译能力的界定吸取了语言学中的相关理论,如系统功能语法、语篇分析(discourse analysis)、语用学等。在这种模型下,翻译不再被看作是简单的实现两种语言间的句子对等,而是一种特殊的交际行为,"传递的是原文的语言含义和语言使用(即交际)功能,重视的是语篇分析和语用意义,其研究对象不仅仅是原文和译文两种语言体系,而且还涉及语言体系以外的各种制约因素"(张美芳、黄国文,2002:4)。

Fraser(2000)和 Schäffner(2010)从职业市场需求的角度对翻译能力进行界定。Fraser(2000)基于对 296 位职业译者以及 84 家翻译机构进行的问卷调查结果,指出自由职业译者(freelance translators)的翻译能力包括:①获取翻译述要(translation brief);②拥有翻译资源(translation resources),既包括译者本人的资源如字典、术语汇编、参考文献等,也包括翻译机构所拥有的资源如参考资料,能够实地接触到文献中需要翻译的领域知识、专家,与可能的翻译使用者进行讨论等;③获得反馈和评估(feedback and evaluation)。

Schäffner(2010)通过近几年对欧盟口笔译职业市场包括翻译公司的调查发现,刚刚毕业的学生译者存在很多的问题,如太过学术化、人际交往能力不足、专业能力欠缺等。为提高译者培训的水平,增强高校间翻译课程的合作与交换,欧盟启动了翻译硕士项目(European Master's in Translation,EMT)。该项目的目标就是将翻译能力培养与职业市场需求挂钩。EMT 提出的翻译能力框架包括:提供翻译服务的能力(translation service provision),这主要指人际交往和译文产出方面,前者包括了解如何接近客户或潜在客户,如何同客户沟通等,后者指能够提供符合客户要求的翻译,了解翻译策略,能够对翻译问题进行评估并找到解决办法;语言能力(language competence);跨文化能力(intercultural competence),包括社会语言学和语篇能力;信息挖掘能力(information mining competence),如了解文献和术语研究的策略,知道如何为特定任务提取和加工信息的能力,如何评估文献来源的可靠性等;主题能力(thematic competence),指善于学习自己专业领域方面的知识,具有一定的分析和总结能力;技术能力(technological competence),指能够使用软件解决翻译中的问题,创建和管理数据库等。

Fraser 与 Schäffner 以市场职业需求为出发点,讨论翻译能力的内部构成。模型中包含的子能力都是职业译者成功完成翻译任务必须具备的能力。这对要研究的专业领域口译资格测试的理论框架搭建具有重要的借鉴意义。

2.2.3　口译能力研究

口译是翻译的一种,是一种特殊的交际活动。本节在理清口译的定义和口译的类型这些基本概念后,将重点回顾国内外学界对口译能力的研究成果。

1. 口译的定义和分类

有关口译的定义,国内外学者学界从不同的角度对口译进行界定,有的侧重描述口译的过程,有的侧重口译的交际功能,有的则侧重完成跨文化交流的意义。说法众多,并没有达成共识。

本书列出国内口译研究领域一些知名学者的定义,希望从中一窥口译的面貌:刘和平(2005:14)认为口译是借助认知知识听辨语言、分析、综合、推断、理解、意义产生、记忆和表达的过程。刘和平强调口译的性质是跨文化交际活动,口译的信息处理是一种思维转换过程。刘宓庆(2004:54)指出,"口译是一种特殊形式的翻译传播行为,是互不通晓对方语言的双方得以交流思想,进行和完成交谈的不可或缺的媒介和手段"。仲伟合(2009)从心理语言学的角度描述了口译的思维过程,他认为口译是指用一种语言即时传达另一种语言口头陈述的内容,整个口译活动就是一个"解码→换码→编码"的思维转移过程。张文(2006:11)给口译做出的定义为:"口译是人们跨文化、跨语言的交往活动中,为消除语言障碍,由能运用交流各方所使用的语言的人,采取口语表达方式,将一种语言所表述的思想内容以别种语言所做出转述的即时翻译过程。"梅德明(2003)认为:"口译是一种通过口头表达形式,将所感知和理解的信息准确而又快速地由一种语言形式转换成另一种语言形式,进而达到完整并即时传递与交流信息之目的的交际行为,是现代社会跨文化、跨民族交往的基本要求。"

研究角度虽不同,但可以从这些纷繁的定义中归纳出口译的一些特点:首先,口译本身具有即时性,这也是与其他形式的翻译活动最明显的不同之处;其次,口译的过程涉及口译员心理和认知方面的复杂环节;最后,口译的目标是跨越语言障碍,实现跨文化沟通与交流。因此,从根本上讲,口译是为想要跨越语言和文化障碍进行交际的人们提供即时即地的便利的一次性口头交际活动。

口译的类型可以从三个角度加以区分:工作方式、服务场合、传译方向。首先,按照工作方式,口译可分为同声传译(simultaneous interpreting)、交替传译(consecutive interpreting)和手语翻译(sign language interpreting)。

同声传译是指译员在不中断讲话者发言的情况下,不停顿地将其讲话内容传译给听众的一种口译方式。同声传译又可细分为箱内同传(simultaneous interpreting/SI in the booth)和耳语同传(whispered interpreting)两类。同传的特点是效率较高,可以保证讲话者连续发言,有利于听众对发言的通篇理解。

交替传译是指在讲话者讲完一部分内容暂停后,由译员根据所记笔记翻译出刚才的发言内容。交替传译又分为经典交传(classic consecutive interpreting),即带笔记交传和短交传(short consecutive interpreting)。交替传译是最常见的一种口译形式,其使用的场合和频率远远大于其他方式。

手语翻译指从有声语言到手语,或从手语到有声语言的传译。手语翻译在中国第九届全国口译大会中首次作为服务语言引起口译界极大关注(刘和平、许明,2012:54)。

按照口译的服务场合和性质的不同,口译可细分为会议口译(conference interpreting)、法庭口译(court interpreting)、教学口译(education interpreting)、传媒口译(media interpreting)、商务口译(business interpreting)、医疗卫生口译(medical interpreting)和联络陪同口译(escort interpreting)等。

按照传译的方向,口译还可划分为单向口译和双向口译。单向口译(one-way interpretation)是指源语和目的语固定不变,译员只需要将某一种语言口译成另一种语言即可。双向口译(two-way interpretation)是指两种不同的语言交替成为源语和目的语的口译。通常,交替口译、联络陪同口译和谈判口译一般归属双向口译。会议口译、教学口译和法庭口译因场合的不同既可以表现单向口译,也可以表现为双向口译。同声传译、耳语口译和传媒口译通常表现为单向传译。

根据以上的口译分类,在重点研究的商务谈判口译工作场景中,口译员的主要工作目的是为雇佣方主谈判人员提供双向交替传译，为谈判双方实现语言与文化的沟通，进而达成商贸协议，实现利益共赢而服务。

在不同场合和不同的口译工作模式下，在口译能力使用的侧重上，口译过程中采取的翻译策略各异，对口译产品的评价标准也不尽相同。因此了解并分析口译的不同类型，对本研究有重要意义。

2. 口译能力研究

相对于翻译能力研究，国内外的口译能力研究起步较晚。经过文献回顾和梳理，结合口译研究的发展历史，作者按对"口译能力"认识的不断深入和跨学科研究发展，将学界的研究分为三个阶段。

第一阶段是口译能力研究的初级阶段，此类研究者多是具有丰富实践经验的译员，他们根据自己在口译过程中的切身体会，描述了职业口译过程中译员所应具备的基本素质，这些基本素质主要表现在以下方面：语言熟练程度、认知能力、理解能力、反应能力、分析能力、记忆能力、表达的流利程度、知识的广博程度、团队合作精神、抗压能力、职业道德意识、对语言的热爱、身体素质等。这一类研究的代表人物有 Keiser(1978)、Gerver(1984)、胡庚申(1990)、肖晓燕(2002a)、梅德明(2003)、鲍刚(2011)等。这一类的研究涉及了目前口译研究中的一些基本问题，如口译中的理解问题、知识问题、表达问题、口译工作者注意事项以及口译的意义和培训等。这里要特别提出的是学者柴明颎(2010)提出的口译职业能力。他从口译的职业特性出发，指出专业口译教学的培养目标是毕业生能够胜任从项目管理到文章编辑、从任务咨询到服务合同等职业翻译的工作，包括口译中的人物咨询、场地要求、服务职责、服务条件、设施检验、合同签署、口译过程和译后咨询等工作。因此，口译职业能力可以视为是能胜任这些工作要求的能力。

第二阶段研究人员主要侧重分解"口译技能"，提出相关口译教学模式，关注点在口译教学中。国外代表性的研究包括 Gile 的口译理解模式(1995)，国内的包括厦门大学口译技能模式(陈菁,2003)、仲伟合口译模式(2016)、刘和平提出的口译教学模式(2011)。研究者比较一致地认为，"口译技能"的构成主要包含三个模块，即双语能力、言外知识、口译技巧。这种划分方式与翻译研究中关于翻译能力成分论的观点是基本一致的，例如，Cao(1996b:328)就明确地把翻译能力划分为语言能力、知识结构和策略能力三个模块。

刘和平(2011)认为翻译教学要以职业要求为目标，在回顾翻译能力研究现状的基础上，结合国内翻译研究和教学现状，提出了职业翻译能力构成整合图（见图2-18）。

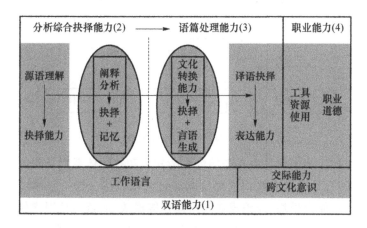

图 2-18 职业翻译能力整合图(刘和平,2011:39)

该整合图有四大组成部分:双语能力、分析综合抉择能力、语篇处理能力和职业能力。第一部分是双语能力,包括使用第二外语进行交际的能力和在不同交际场景、不同领域选择恰当语言的能力,双语能力是第二和第三部分能力培养的基础;第二部分是分析综合抉择能力,包括源语理解阶段的阐释分析、抉择、记忆等;第三部分是语言处理能力,包含在充分考虑语篇用途的同时进行译语选择的言语生成的过程;第四部分是职业能力,主要指翻译工具、资源的使用能力,以及译员的职业道德。

在此整合模型基础之上,刘和平还以交替传译和同声传译为例,提出了自己的"口译能力发展阶段图表"。该图表进一步详细描述了口译能力发展的阶段化特征和相对应的训练模式(许明,2012)。该翻译能力模式以培养职业翻译能力为核心,将翻译的动态处理过程与翻译过程中所涉及的各种因素有机结合起来,如实还原职业翻译的工作过程,是培养市场需要的职业翻译人员的一种有效模式。

第三阶段研究的特点是将口译能力作为一个概念提出,从理论和实证的角度深入挖掘其内涵。相关文献检索显示,到目前为止正式提出"口译能力(interpreting competence)"这一术语并以此为主题的论文只有一篇,是 2001 年 S. Kalina 在 *Interpreter's Newsletter* 上发表的 *Interpreting competences as a basis and a goal for teaching*。文章作者只用了一节的内容来探讨口译能力这一概念,而且其角度主要是从语言加工的角度探讨(王斌华,2012:75)。国内最早提出口译能力这一概念的是王斌华(2007)。在参照 PACTE 小组相关研究以及国内有关翻译能力研究的基础上,他正式提出了"口译能力"以及"译员能力"两个概念。王斌华认为口译能力是指完成口译任务所需的内在的知识和技能体系,可具体化为三大模块:语言能力模块(包括双语能力和口头表达能力)、知识模块(包括百科知识和专业主题知识)、口译技能模块(包括翻译转换能力和口译技巧),见图2-19。

图 2-19　口译能力构成(王斌华,2007)

译员能力指口译工作者应具备的内在的知识和技能体系以及职业素质和身体心理素质,具体可分成智力性因素模块和非智力性模块。智力性模块包括了口译能力所指的语言能力模块、知识模块和口译技能模块,非智力性因素模块由译员心理素质、译员身体素质、译员职业素质构成(2007a:47-49)。见图2-20。

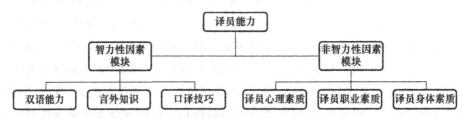

图 2-20　译员能力构成(王斌华,2007)

这两者是部分和整体的关系,译员能力包含口译能力。在2012年发表的另外一篇文章中,王斌华将早期提出的口译能力和译员能力模式拓展到专业口译教学方面,并提出了口译能力、译员能力的发展过程。

口译能力和译员能力这两个概念的提出,在一定程度上克服了口译界对口译质量感性的评估标准,对于更加客观地评估口译质量做了有益的探索(刘猛,2014),对口译能力研究具有非常重要的意义。然而学界对译员能力这一概念还没有达成共识,有学者认为,口译能力包括了译员能力,没有必要单独提出。从测试学的角度来看,对口译测试的研发和设计来说,这样的两个概念在对受试的测试过程中不易区分和测量,因此不具备可操作性。因此本研究重点关注口译能力这一概念,将其定义为"口译员为了完成口译任务所需要的内在知识和技能体系、职业素质和心理生理素质"。

张威(2011)将口译能力归纳为十项子能力,并通过问卷调查的方式,调研了北京地区相关口译人员对认知能力在口译能力中的相对位置的认识。

许明(2012)在"跨学科视野下的口译能力研究"一文中,提倡在跨学科视野下进行口译能力的研究,他认为口译能力包含四个部分,即语言能力、认知能力、交际能力和转化能力。研究范畴包括口译能力构成、口译能力发展过程研究、量化方式研究和阶段化教学模式研究四部分。在此基础上,许明提出了口译能力阶段化培养和研究路径,该路径囊括本科、硕士、博士三位一体的口译能力培养,结合学科结构设置、教学周期和专业课程设置(2012:80-91)。

在此之后一批口译研究的博士论文将关注点放在口译能力研究上,这些研究者对国内这一领域的研究做出了推动贡献,如孙序(2010)、苏伟(2011)、刘猛(2014)等。其中,孙序、刘猛针对职业译员与非职业译员以及翻译专业学生的交替传译能力做了实证研究,对本研究具有一定的参考价值。

国内外学者对口译能力的研究百花齐放、百家争鸣,本书关注的是这其中的一种职业翻译能力的界定,特别是商务英语口译这个领域能力的研究。商务英语本身是一种专门用途语言,因此,接下来将从专门用途语言能力角度进行梳理。

2.2.4 专门用途语言能力

Hymes(1971)、Canale 和 Swain(1980)、Bachman(1990)、Bachman 和 Palmer(1996,2010)等提出的"交际语言能力"都是指在社会语境中运用语言的一般能力,而对于具体的专业语境中运用语言的能力这一概念并没有明确界定。在 Bachman 和 Palmer(1996)的基础上,Douglas 提出了专门用途英语能力框架,从语言知识、策略能力和背景知识三个方面构建了专门用途语言能力(见表 2-4)。

表 2-4 Douglas 专门用途语言能力概念(译自 Douglas,2001:35)

语言知识	语法知识	词汇知识
		形态学和句法学知识
		音系学知识
	语篇知识	衔接知识
		修辞或会话组织知识
	功能知识	表意功能知识
		操作功能知识
		启发功能知识
		想象功能知识
	社会语言知识	方言/变体知识
		语域知识
		惯用语表达知识
		文化指称知识

续表

策略能力	语境评价	评价交际情景或测试任务、参与投入适当的话语领域
		评价作答的正确性或适当性
	确定目标	决定如何（或者是否）回应交际情景
	制定计划	决定为实现交际既定目标需要调用哪些语言知识和背景知识
	执行计划	检索和组织适当的语言知识要素用以实施计划
背景知识	话语域	利用基于过往经验的参照框架来理解当前的输入信息并对下文将要出现的信息进行预测

在这个模型中，语言知识包括语法知识、语篇知识、功能知识和社会语言知识。策略能力主要包含评价、目标设定、计划组织和控制执行等过程。Douglas认为交际语言能力是由语言知识和策略能力之间的互动反映的——"专门用途语言能力来自专门用途背景知识和语言能力之间的互动"(2001:35)。策略能力是外部情景语境和构成交际所必需的内部知识之间的纽带。这和交际能力的概念有相同之处。Douglas在此基础上又提出了背景知识这一概念，并将其加入专门用途语言能力成分构成当中。这种运用背景知识的能力很好地解释了被试是如何将所给的语言材料与自己过去已有的背景知识相互联系的。

专门用途知识与专门用途语言能力的关系随着专业化程度的不断提高，其相互的影响也将相应地增强，也就是说：交际内容专业化程度越高，熟悉并了解这些复杂概念的人就越少，此时，语言掌握的熟练程度对专门用途语言能力的影响就会更加明显。交际信息的专业化水平同交际者交际语言能力之间显然密切相关，低于最低标准的交际者将不能有效运用背景知识，而高于较高标准的交际者能够充分利用语言能力优势补偿相关背景知识的缺乏。总之，具备专门用途语言能力的二语学习者能够调用策略能力参与到特定目的话语领域中去，设立适合于特定目的领域的交际目的，整合并运用相关的专门用途背景信息及语言知识来实现该目标。因此，Douglas在构建专门用途英语能力测试的时候加入了专业背景知识这一元素，他认为：受试者完成测试任务既需要语言能力和专业知识的交互，又需要语言能力与测试任务的交互(Douglas,2001)。但遗憾的是，Douglas并没有将之进行可操作化处理。

2.2.5 商务谈判口译能力构建

基于以上对于交际语言能力、翻译能力、专门用途语言能力的文献梳理，可以了解到所研究的商务谈判口译测试中的口译能力,是针对专门用途语言情景下,口译员完成交际任务的能力,具体是指:口译员为了完成商务谈判口译任务所需要的专业技能和知识体系、职业素质和心理生理素质,如图2-21所示。

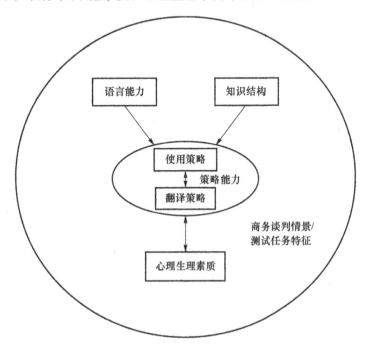

图2-21 商务谈判口译能力构成

专业技能和知识体系具体可分为几个模块:语言能力模块,包括双语能力和口头表达能力;知识结构模块,包括百科知识和专业背景知识;策略能力模块,包括语言使用能力和翻译转换能力;心理生理素质模块;交际情景模块。

模型中的语言能力包括双语能力和口头表达能力。其中双语能力包括语法语篇知识、功能知识、社会语言知识,口头表达能力包括语义流利、词汇句法流利和发音流利。语义流利指言语行为与命题的连接,词汇句法流利是句法成分与词语的连接,发音流利指切分单位的连接。

知识结构包括百科知识和专业背景知识。这里的专业背景知识指商务专业知识。运用背景知识的能力解释了如何将所给的语言材料与自己过去已有的背景知识相互联系。在专门用途交际情景下,专业背景知识对其语言能力的影响相应地增强,也就是说,交际内容专业化程度越高,熟悉并了解这些复杂概念构成的内容的人就越少。此时,语言掌握的熟练程度对语言能力的影响将更加明显。

策略能力处于核心位置,包括语言使用策略和翻译策略。使用策略指使语言知识和语言使用者的知识结构联系起来的一些手段。这里的使用策略能力包括四组元认知策略：评价策略（assessment strategies）、确定目标策略（goal-setting strategies）、制订计划策略（planning strategies）和执行计划策略（execution strategies）。在语言使用中，这些元认知策略和语言能力的各方面相互结合、相互影响，是不可分割的。翻译策略指翻译转换能力和口译技巧。这里的转换能力是指两种语言意义上的解码编码过程，并非强调语言形式上的一致对应关系。口译技巧则包括增、删、改等主要技巧和记笔记、使用工具等辅助技巧。策略能力是外部情景语境和构成交际所必需的内部知识之间的纽带。

心理生理素质是指译员在职业场景下应具备的心理素质、身体素质和职业素质。这几个方面素质会影响商务谈判口译员工作的权威性和职业性。好的谈判口译员可以充分协助实现雇主谈判目的，灵活自如、自信地完成口译任务。

关于商务谈判交际情景的选择，本研究侧重在商务英语中的一个特殊场景。商务英语是专门用途英语中的一个重要分支。Yin与Wong（1990）通过其研究建立了商务交流技能的七大核心事件，这些事件被认为是各种社会接触中商务交易的主要内容。其中5个口语形式事件为：电话交流、社交、个人陈述、会谈与协商；信函与报告则是2个书面形式的核心事件。随后，Louhiala-Salminen（1996）的文章发现，在快速变化的商务交流中，商务信函在实际商务活动中出现得越来越少。由此可见，商务英语体裁中，口语形式占较大比例。其中由商务谈判的环节和特点决定了其包含了各种商务英语口语交际形式的综合场景特点。

商务谈判交际的复杂性对口译人员提出更高的要求。商务谈判口译和普通的英语口译有着很多共同的特点，但同时它还有自身的特殊性，归纳起来有以下几点。

第一，商务谈判专业性强。商务用语的语言形式、词汇、内容与专业密切相关，语言形式比较固定；措辞较为正式规范，讲究简明易懂；在陈述事实、传递信息时，表达要具体、准确。

第二，商务谈判目的性强。商务口译人员必须以最优效率的方式实现商务活动的目的。在国际商务活动，尤其是在国际商务谈判中，获取经济利益是基本目的，价值是谈判的核心（张祥，2014）。商业的竞争性和趋利性导致谈判各方大都坚守己方的立场并希望他方做出让步，谈判方的立场或者倾向性的意见往往会通过语言形式或其他形式表露出来，当谈判方的表达技巧不够娴熟或者不够注意情感因素时，口译员必须采取干预政策，充当双方的润滑剂，以保证谈判持续进行。

第三，商务谈判跨文化交际性强。在商务交际活动中，译者除了利用交际各方提供的基本信息外,还必须利用自己的知识体系和跨文化意识多方位地去捕捉其他更多的信息,灵活处理交际中出现的问题。王佐良先生说过,译者"处理的是个别的词,面对的则是两大片文化"。不同文化之间"文化模式、价值观念、思维方式等方面的差异直接表现为语言表达形式的不同","口译员应该也必然要对那些的特殊的文化因素进行必要的'干预'或处理"(张威,2008:96)。

由于商务英语所具有的鲜明的特点,其早已成为国内大学英语专业开设的课程,并出现了考察商务英语能力的测试——商务英语考试(Business English Certificate,BEC)。该考试专为学习者提供国际商务英语资格认证,考察真实工作环境中商务英语交流能力,被欧洲乃至全球众多教育机构、企业认可,将其作为入学考试或招聘录用的英语语言水平要求。美国教育测试服务中心(ETS)研发的许多测试产品中也有不少专项外语测试。其中,托业(Test of English for International Communication,TOEIC)就是一种有着广泛影响的专项英语测试,它主要用来测试国际上母语非英语者在职业领域运用英语的交际能力。

商务口译活动也是一种专门用途语言活动,广泛地存在于口译市场上,与一般的会议口译和日常交际口译在语言形式和结构及主题背景知识方面有很大不同。然而目前却缺乏对商务口译的测试和评估,口译员水平参差不齐。由口译员翻译水平不佳导致的误解和谈判失败时有发生。这里讨论的商务口译运用测试就是一种结合了直接测试、专门用途语言测试、交际测试以及口译实务测试的针对性高的测试,以期获得选拔出符合职业标准的商务口译员的目的。

2.3 商务谈判口译运用测试的效验框架

2.3.1 商务谈判口译运用测试的目的

随着改革开放的不断深化,中国对外开放领域不断扩大,与其他国家各个层次、各个领域中的合作交流日益频繁,尤其是商务经贸领域,对职业口译员的需求逐渐凸显,而与国外专业化、职业化程度高、成熟的职业资格认证考试相比,我国职业口译资格认证考试类型繁多,评价标准不一,测试形式传统,专业化程度较低,发展较为缓慢。在我国职业口译工作领域里,巨大的市场需求和参差不齐的口译员水平以及脱节的资格认证考试之间形成的矛盾不断加深,影响了国内整个口译行业、职业口译市场的健康发展。

因此,本研究借鉴国外职业英语运用测试的成功经验和研究成果,围绕拟测构念"商务谈判交际情景中的英汉交替传译能力",尝试开发和设计专业程度高、职业化的商务谈判口译运用测试。

综上,商务谈判口译运用测试的设计目标是,能够科学地反映受试"商务谈判交际情景中的英汉交替传译能力",以评判受试的商务谈判口译能力和职业工作完成水平,为商务谈判口译领域提供职业参考信息。

2.3.2 商务谈判口译测试的性质

语言测试开发从不同的角度考察分别有不同的类型,交际语言运用测试(performance testing)有自己的一套开发原则和方法,其中最重要的一条就是真实性原则。其测试的内容和形式均要建立在对实际工作的需求分析之上,要求最大限度地模拟真实工作环境。由于其测试设计理念和开发环节中具有较高的真实性,因此测试本身具有很高的效度。

标准参照测试(criterion-referenced tests)一种精心编制的,在一定的行为领域上按照具体的行为标准水平对考生的测试结果做出直接解释的测试(Popham,1978)。它为人们提供了有关受试是否达到某种行为标准水平或要求的信息。与常模参照测试不同,它提供的受试的能力水平不依赖于其他受试的成绩。测试结果具有职业认证和社会意义。

口译是一种高级口语交际活动,口译的过程及其产品都可以直接观察和测量。商务谈判口译运用测试是直接测试与专门领域翻译相结合的测试。本研究的目标旨在了解职业口译员在商务谈判交际情景下的语言运用能力和工作完成水平,为用人单位和职业从业者提供借鉴。因此适宜标准参照测试模式。

2.3.3 商务谈判口译运用测试的效验框架

语言测试的开发是一个系统的过程,既包含测试研制,也包括测试使用。为了保证测试的科学性和可行性,本研究测试的开发遵循清晰而细致的开发流程,并对每个步骤实行质量监控。

依据 Bachman 提出的测试开发理论框架,为保证本研究语言运用测试(performance test)的构念效度,笔者将借鉴 McNamara 的职业医务人员交际语言运用测试(OET)开发的框架进行工作样本分析—确定测试任务—施测—评分—基于分数的效度验证这一基本流程开发本测试。根据上一节对 McNamara 研发的澳大利亚 OET 测试的综述,其开发流程可简单归纳为如图 2-22 所示的流程。

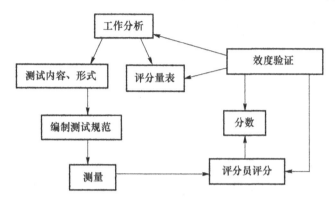

图 2-22 以 OET 为代表的语言运用测试开发流程

测试任务的选择是决定测试信度和效度的一个重要方面。Weir(2005)强调,在测试设计中,要尽可能保证测试任务的真实性和代表性,特别是要保持真实语言使用环境的主要特征。这就要求测试任务应具有真实性,即与目标语言使用域任务特征的一致性。此外,由于测试受到时间、空间和测试项目容量等多方面的限制,所采用的任务必须具有代表性,从而使测试结果具有可推断性,能够反映考生真实的语言能力。因此这一流程中,工作分析是其他开发步骤流程的基础。将会决定测试内容、形式以及评分量表的维度。

工作分析仅仅是一个测试研发过程中的一步,整个研究还有一个重要步骤,即对所设计的测试进行整体效度验证。根据 Messick 整体效度观,Bachman 测试开发理论框架以及 Weir 的基于社会认知效度验证框架,本研究所做工作就是对商务谈判口译测试进行开发、运用并进行验证的一个整体过程。

本测试开发需要三个阶段,即设计阶段、操作阶段和验证阶段,每个阶段都由一系列工作组成。第一阶段是测试设计阶段,本阶段的重要任务包括定义测试构念、确定效验框架、确定测试任务、制订测试真实性监控计划。这些任务分别从内容和构念两个角度确保测试的效度。第二阶段是测试操作阶段,这一阶段的主要内容有:对测试构念进行操作实施,将工作分析的结果运用到测试开发中,主要包括编制试题任务、制订评分量表、进行预实验、正式施测和评分几个环节。测试的第三阶段主要是从不同层面对测试的实施和测试的结果进行验证,具体包括:能力层面、评分员层面、评分量表层面以及各个层面间的交互作用层面。除此之外,还从测试内部一致性和效标关联等角度验证测试的有效性。商务谈判口译运用测试开发的理论框架可以用图 2-23 详细阐释。

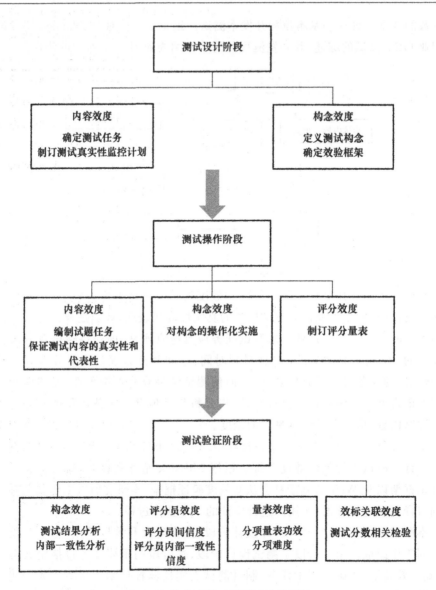

图 2-23 商务谈判口译测试效验框架

第3章 研究设计与测试开发

本章详细介绍了本次研究的具体设计,具体包括研究问题、研究步骤和方法、研究工具、数据分析四个小节。

3.1 研究问题和方法

本研究整体设计分三个研究问题,研究的主题和方法详见图 3-1。

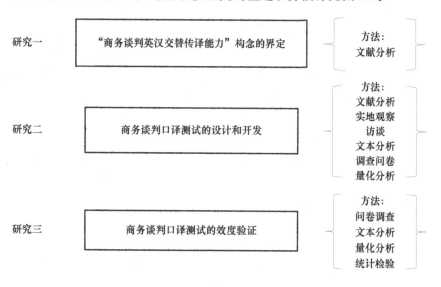

图 3-1 本研究整体设计框架

3.2 研究对象

根据本研究测试开发阶段不同,研究对象分为以下几类。

1. 职业口译员

本次测试研发的主要对象是长期从事商务口译工作的职业口译员,因此作者选取了 32 名专职从事口译工作 5 年以上的成熟口译员。

其他相关信息详见表 3-1。

表 3-1 职业口译员基本信息一览表

工作单位性质		学历		英语水平		翻译资格证书	
自由职业口译员	14	学士	2	专业 8 级	29	CATTI 1 级	5
翻译公司聘用的口译员	12	硕士	30	专业 4 级	1	CATTI 2 级	10
事业单位翻译室工作人员	6			大学 6 级	2	NAETI 高级	3
						NAETI 中级	5
						其他资格证书	7
						无证书	2

2. 翻译专业及英语专业高年级学生

本研究开发的测试实施有两个阶段:第一阶段预实验,共有 5 名受试参加;第二阶段正式施测阶段,共有 54 名受试参加。这些受试分别来自北京两所高校,其中 26 人为教育部直属院校高级翻译学院研究生一年级学生,另外 28 人来自北京市属高校翻译学院大四口译精英班。

所有受试者在参与本研究时均已修完或正在修口译实务课程,已具有一定的交传口译实践。他们在完成测试后被要求马上完成一份与本测试相关的信息的问卷调查,主要期望了解其对测试环节安排及试题难度的感性体会。

由于本研究数据分析阶段需要采用多面 Rasch 模型对数据进行分析,在被试数量的选取上,根据 Linacre(1994b:328),"在实验阶段,50 名受试才能保证获得有价值的、稳定的评估结果"。因此本阶段 54 名受试满足多面 Rasch 模型计算需要。

3. 评分员

为了保证数据的真实性和准确性,本研究中所有测试试题均聘请评分员打分。共聘请 2 位评分员,其中 1 位是从事口译教学的教师,并且有 5 年以上口译工作经验;另外 1 位是从事翻译研究的教师。每位评分员的具体信息及其所承担的具体职责见表 3-2。在研究实验阶段,所有学生口译录音都被随机编成序号,评分员根据实验要求使用评分量表对受试者的录音打分。

表 3-2 评分员详细信息

评分员编号	教龄	职称	专业方向
A	7年	讲师	英汉同声传译
B	5年	讲师	口译理论与实务

4. 翻译教学领域和测试领域专家

有8位专家组成了专家组,在测试开发最为重要的工作分析阶段,将对工作分析的题目编制环节进行审阅和提出建议,确保测试的真实性。8名专家是本研究测试真实性监测系统中极为重要的一部分。专家详细信息详见表3-3。

表 3-3 测试设计阶段专家组成员情况

专家代码	工作单位性质	教育背景	从业时间	职称
1	大学口译研究	博士	10年以上	教授
2	大学口译教师	博士在读	10年以上	讲师
3	大学口译教师	硕士	5年以上	讲师
4	大学国际贸易教师	博士	5年	副教授
5	商务部专职译员	硕士	7年	中级
6	自由职业口译员	硕士	10年以上	—
7	自由职业口译员	硕士	10年以上	—
8	企业雇主	硕士	10年以上	—

3.3 研究步骤

本研究测试的开发遵循清晰而细致的开发流程,并对每个步骤实行质量监控。测试开发需要三个阶段,即设计阶段、操作阶段和验证阶段,每个环节都由一系列工作组成。本研究三个阶段及其详细步骤,如图3-2所示。

语言运用测试开发的方法有很多,结合作者对商务谈判口译这种高度职业化的工作特点的分析,本书将参考McNamara的OET职业语言运用测试开发流程研发本研究测试。第二阶段测试开发的步骤可以用图3-3呈现。

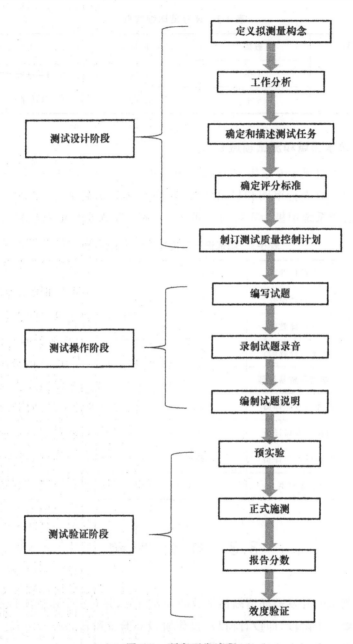

图 3-2 研究开发流程

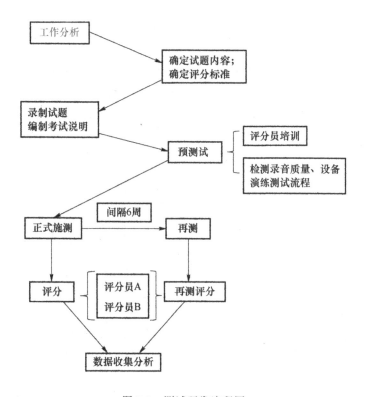

图 3-3　测试开发流程图

研究步骤中第二阶段测试开发是本次研究设计的重点,也是研究的主要内容。语言运用测试开发的最关键步骤就是需求分析。本书采用的是针对专门领域语言职业技能更为适合的工作分析方法。只有经过科学系统的工作分析,最大限度地还原真实的商务口译职业译员的工作场景,由此设计出高真实性的试题内容,才能保证测试的效度和信度。

由工作分析获得的职业口译员真实工作任务汇总分类,提取并确定本测试的试题内容,同时也可从口译教学专家组、职业培训机构和口译使用单位获得评估标准。随后组织录制试题对话,编制考试说明。由于测试流程较复杂,对设备需求较高,因此安排预测试,一方面可以检测设备,另一方面可以演练测试流程,并对评分员进行培训。

正式施测和再测后,由两位评分员分别打分获得的分数收集进入第三阶段进行分析讨论。

3.3.1 工作分析

语言运用测试的设计开发有两条基本原则(Bachman,1996)。第一,一致关系。该原则涉及两方面因素:一是语言使用任务和情景的特征及测试任务和情景的特征,目的是为了保持测试中语言的使用与非测试中语言的使用相一致;二是语言使用者和受试的个人特征,这是为了保持受试的特征和语言使用者的特征相一致。

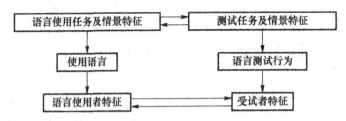

图 3-4 运用测试开发的一致性原则

第二,有用性原则。语言测试的有用性包括六个方面的特征,即信度、效度、真实性、交互性、影响和适用性。其中真实性是指目的语言使用任务特征与测试任务特征的一致性。Bachman(1991:690)提出应该从情景真实性和交际真实性来定义测试的真实性,即测试任务的特征与将来目的语的使用的情景特征相一致,且强调受试与测试任务之间的交际关系(interaction)。上述六种特征应贯穿测试质量控制的每一阶段。

根据以上原则,商务口译运用测试的目的是为了根据被测在该测试提供的环境下展现出的行为来推测其在真实商务工作环境下的口译能力和表现,因此要测试中的任务要尽最大可能地贴近真实工作中的任务。根据 Bachman 的理论,语言使用领域(Target Language Use domain, TLU domain)指的是非测试情景下的语言使用任务。

"… a set of specific language use tasks that the test taker is likely to encounter outside of the test itself, and to which we want our inferences about language ability to generalize … if a language use task is within a specific target language use domain, then we will call it a target language use task."①

也就是说测试任务反映语言使用领域特点的程度越高,该测试任务的真实度

---

① Bachman, Palmer. 1996. Language Testing in Practice. Oxford: Oxford University Press. p44.

越高。在设计一个真实度高的语言测试任务时,首先要识别语言使用领域中某一任务的特点,然后选择反映这些特点的测试任务。一个真实度高的语言测试,能够完全反射出真实生活场景中的语言,由此才能保证该测试具有高度真实,进而具有较高的信度和效度。

前文曾提到,对交际语言运用测试的测试内容选择产生决定性影响的主要有两个模型:一个是需求分析模型,另一个是工作样本模型。

由 McNamara 设计开发的 OET 测试(Occupational English Test)是澳大利亚政府面向医疗卫生职业从业人员的专门用途英语测试,目的是评价应试者在从事医疗卫生工作中有效地用英语交际的能力。相比需求分析模型,该工作样本模型更关注职业环境下交际语言运用的使用行为。本测试的目标人群为从事商务口译的专业口译人员,考察的正是应试者在职业领域内的行为表现,从而推测其口译能力。OET 工作样本模型更符合本测试的要求,因此将对本测试的开发提供更多的借鉴指导。

1. 工作分析的对象

职业商务谈判口译活动涉及的人员主要有三类:

- 职业口译员;
- 翻译公司口译工作管理人员;
- 口译员的使用单位(国际商务业务较多的企事业单位)相关工作人员。

其中口译员又分自由职业口译员、翻译公司聘用的口译员、政府部门专职口译工作人员。口译员的使用单位主要有政府及国家大型企业、私营企业、翻译公司。

参考 OET 开发流程,作为本测试在测试的开发环节,作者将对以下几类人群进行研究。

① 从业 5 年以上的职业口译员。他们在口译工作中较为有经验,是这个行业的一线人员,将为本研究提供重要的一手信息。

② 口译职业培训专业人士。这些属于为口译从业者提供直接指导的专业人员,他们将为测试内容的开发提供重要的信息。

③ 普通高校翻译学院口译课程教师。他们通常也是职业口译员,了解成熟的口译员和口译学习者的特点,并致力于帮助学习者不断向职业口译员发展。

④ 商务口译使用单位相关工作人员。他们是口译服务的直接使用者,对口译服务有具体的要求,也对口译员的产品是否满足需要,符合实际目的有直接的感受。

第二、三类人员也是资深的行业代表。他们可以对口译员的表现提供行业接受度信息。第四类人员是作者在 OET 开发流程基础上增加的。根据功能主义翻译理论,口译作为一项典型的语言行为活动,首先要符合翻译的目的,要能根据口译使用单位的实际需求提供切合实际的、得体的口译产品。因此,他们提供的信息对本测试尤其是口译质量评估方面具有重要的意义。

2. 工作分析的工具

工作分析的工具主要有:调查问卷;电话采访(提前设计好的采访);面对面采访(提前设计好的采访);工作场所实地观察;文本/音视频材料收集;语类分析。

(1) 调查问卷、电话采访、面对面采访

调查问卷和电话采访被广泛采用。调查问卷有很多优点:可以进行大规模的调查,客观、便捷、易于收集,结果便于统计处理与分析等。例如,Michael H. Long 说:"问卷调查可以从大量受测样本中,相对快速、廉价地获得具有一定规模的有焦点的、标准化的、有组织的数据。同时,问卷调查一般是匿名的,可以减少采访者的偏见,对问什么问题,以什么样的顺序提问以及如何提出这些问题都可以事先精心准备好[①]。"

然而问卷的缺点也显而易见:调查问卷设计过程复杂,调查结果广而不深,调查结果的质量常常得不到保证,尤其是一些开放性问题,常常得不到理想的结果。因此,进一步设计的采访问题配合调查问卷可以弥补以上这些缺点,为调查问卷中无法进一步了解的细节和深度提供补充材料。

为了进一步提高调查问卷的信效度,获得需要的信息,作者认真思考和设计问卷的题目,甚至要考虑到设计合理的题目的数量和顺序。因此在设计问卷前还做了一系列的观察、访谈和有声思考。问卷初步设计分为四部分,分别从个人信息、商务谈判口译工作环境、流程、商务谈判口译任务和商务谈判口译质量评价的角度做调查。

在本测试研发的各阶段,作者共发出 157 份调查问卷,对 22 名测试开发涉及的核心人员进行了电话采访和面对面访谈。

(2) 工作场所实地观察

工作场所实地观察以及文本或音视频材料收集的方法在本测试研发的工作分

---

① 原文是 "… a questionnaire survey can procure sizeable amounts of focused, standardized, organized data, potentially from a large sample of respondents, and do so relatively quickly and cheaply; moreover, they can accomplish all this with the option of anonymity and with less chance of interviewer bias, and the questions asked, the order in which they are asked and the precise way they are asked can all be carefully planned and fixed."

析阶段也非常重要,将为了解语言使用领域和生成测试任务提供重要的资料。

这方面资料收集与作者的个人经历有较大关系:作者曾作为工作人员,在北京奥运会筹办期间参与了33场国际奥委会与北京奥组委组织的国际会议及工作商谈;作为孔子学院工作人员,曾组织世界孔子学院联席会议,负责现场口译工作组织与安排;参与与国外大学筹建孔子学院工作会议,并曾作为交传口译员参与其中一些会议。

在2014—2015年,作者有针对性地实地观察了5场大型国际商务会议口译工作现场,其中某些会议获得了录音许可,得到了共计897分钟的音频资料。这些经历为作者深入了解专门用途、专业领域的口译运用能力和表现提供了宝贵的资料和信息。

(3) 语类分析

语类分析(genre analysis)是语言学及应用语言学研究中的一个热点。语类,genre是18世纪欧洲的文学批评家从法语中借用的,指文学中的体裁,最早出现在对文学与修辞学的研究领域。常见的汉语翻译有:语体、文体、体裁、文类、语类等,我国外语学术界常将其称为语类。20世纪50年代,苏联学者巴赫金首先将文学研究中的体裁(语类)概念扩大到对非文学的普通话语的研究。巴赫金指出:"当然,每一独立的话语具有个体特征,但是语言运用的每一领域却会形成相对稳定的话语类型。我们可以将这些相对稳定的话语类型称为言语类型。"[①]此后,语言研究开始了对语类的概念、对口头和书面话语的语类的研究,如对买卖对话、科学研究论文、各类申请文书、职业场景下员工会议等语类的分析;语言学家还从功能的角度用语篇的社会目的来定义语类,不同的语类是语言运用的不同方式,有不同的社会目的。

根据研究角度的差异,西方的语类研究理论常被分为三个流派:美国的新修辞学流派、系统功能语言学流派、应用语言学流派。这三个流派的研究目标都在于分析特定文化语境中社会功能与语言运用之间的关系。庞继贤(2011)在对西方语类分析理论的三大派别进行梳理时指出,西方的语类研究派别的差异可以放在语篇-语境这个连续统上进行考察。新修辞学重在语篇的目的和功能、话语社团(discourse community)的信念、价值观和行为,趋向连续统的语境一端;系统功能语言学重在语篇的词汇语法、结构与社会功能的关系,应用语言学关注语篇的交际目的和语步结构(move structure),这两个流派都重在语篇一端。

---

① Bakhtin M L. 1952-1953. Speech Genres and Other Late Essays. Trans. by Mcgee V W. Austin: University of Austin Press. p60.

系统功能语言学派其代表学者为韩礼德(Halliday)、哈桑(Hasan)、马丁(Martin)等,他们认为,意义包含表达现实世界或虚拟世界体验的概念资源(ideational resources)、协商社会关系的人际资源(onterpersonal resources)和处理信息流畅的语篇资源(textual resources),这三个对意义的取向同时构成了语言的三大元功能(metafunction):概念功能——有关自然的现实,人际功能——有关社会的现实,语篇功能——有关符号的现实。这三大语言元功能投射到社会语境产生了三个相应的语域变量(register variables):语场(field)、语旨(tenor)、语式(mode)。这三个语域变量组成了语境构型(contextual configuration),决定语篇的意义范围,即语域。对语域变量的分析能预测某一特定篇章的语篇特点。

韩礼德和哈桑提出的语类结构潜势(Generic Structure Potential, GSP)[1]理论是由语境构型决定的,指同一语域中语篇的共同结构类型。哈桑(1985)认为,在一个交际事件中,语篇的总体交际目标是通过一组步骤来实现的,这些步骤有些是必备的(obligatory),有些则是可选择的或非必要的(optional),它们按一定的顺序呈现。对结构潜势的分析涉及识别必备的、可选择的成分,这些成分出现的顺序,以及是否存在重复出现的成分等内容。例如,通过对食品杂货店的买卖活动的观察和分析发现,这一语类的结构潜势包含以下必备步骤或成分,如买卖请求(sale request)、买卖依从(sale compliance)、购买(sale purchase)、买卖结束(purchase closesure)。这些必备成分有时还附带某些可选择成分,如打招呼(greeting)等。Swales(1990)将学术论文的导言部分结构步骤归纳为CARS模式[2]:语步一,确立领域;语步二,确立位置;语步三,占据位置。同语类结构潜势反映了语篇的情景语境,也反映了语篇的语域。

Swales从专门用途英语(ESP)角度研究语类,是应用语言学派的代表,他在其著作《语类分析》(*Genre Analysis*)中对语类进行了较为详尽的论述,从以下几个方面来描述语类:语类包括一组交际事件,其成员具有共同的交际目的;语类是交际形为的形式,具有交际功能;交际目的是确定体裁的重要因素;交际目的、话题制约着语篇形式、内容及语言难度;同一语类的语篇具有大体相同的图式结构(schematic structure),而这种图式结构影响着语篇的内容和语言风格的选择(1990)。

---

[1] Halliday M, Hasan R. 1985. *Context and Text: Aspects of Language in a Social Semiotic Perspective. Language, context, and text: aspects of language in a social-semiotic perspective*. Deakin University. p63-69.

[2] Swales J. 1990. Genre analysis: English in academic and research settings. Cambridge University Press. p143-146.

Bhatia(2004)根据 Swales 的观点对语类进一步概括如下:语类是一种可辨认的交际事件;它不是一般的交际事件,而是一种内部结构特征鲜明、高度约定俗成的交际事件;在建构语篇时,必须遵循某种特定体裁所要求的惯例;尽管语类有其惯例和制约性,内行人仍可在体裁规定的框架内传递个人的意图和交际目的。

ESP 语类分析的焦点是解释学术和职业语境中,专业人员为什么以这种方式运用语言。近年来,Bhatia(2008)进一步提出语类分析必须考虑语篇内和语篇外因素,必须有跨学科、多视角、多维度的分析框架。他主张将专业人员的话语实践与职业实践相结合,以揭示作者如何通过"混合""内嵌""移植"语类资源等手段来实现个人意图[①]。

综合以上梳理可以看出,在语言学领域,对语篇的语类分析已从语言表层特征的描述逐渐发展到"对语篇的宏观结构和交际功能的深层解释"(秦秀白,1997:8-15),"力求解释语篇建构的理据,探讨语篇结构背后的社会文化因素和心理认知因素,揭示实现交际目的特殊方式和语篇建构的规范性"(韩金龙,秦秀白,2002:11-18)。这些对语篇的研究使语篇语言学和话语分析等学科取得了丰富了进展。

此处的语类分析主要是分析工作分析中所获得的真实商务谈判场景中口译员工作时所要翻译的语篇,分析其宏观结构和微观语言特征。结合对问卷调查结果的统计,由此获取商务谈判口译情景语境的特点、信息输入和语篇输出的特点,在此基础上完成商务谈判口译运用测试的命题工作。

3. 工作分析的方法和步骤

(1) 建立开发过程真实性监测机制

根据工作分析的结果确定测试内容和形式是测试开发至关重要的一步。在该过程中要保证测试内容形式与真实环境下的工作内容尽可能保持一致是保证测试效度的前提。而如何能够获得测试内容的真实性呢? Wu and Stanfield (2001) 在其论文 *Towards authenticity of task in test development* 中的做法提供了一个较好的范例。他们为在美国执法机构(Law Enforcement Agencies)中工作的语言专家(linguists)设计了 Listening Summary Translation exam(LSTE)考试,在制定考试规范时所遵循的以下步骤值得参考:

① 确定目的语言使用情境,收集真实的会话语料,分析语言特点,列出会话的内容类别;

② 制定含有代表性情境的分类表;

---

① Bhatia V K, Flowerdew J, Jones R H. 2008. Advances in discourse studies. Routledge, p41 (6).

③ 编写类似的会话；
④ 检验话语的真实性；
⑤ 设计测试任务。

以上步骤是他们从语言使用情境分析，到确定考试具体内容和测试任务的一个过程。值得注意的是，他们在每一个步骤完成之后，都要请该领域的专家，其他从业人员及相关知情人士等进行确认，依据他们的意见进行多次的修改，保证了整个测试题目编制的过程是真实的、动态的。

由于该类测试涉及案件调查的保密性以及通话监听的合法性问题，在确定语言使用情景并对有代表性的情景分类后，测试开发者无法直接使用真实语料，因此增加了编写会话的环节。

同样的情况也发生在商务谈判情景中。鉴于商业信息的保密性和谈判双方的要求，作者无法使用第一手的商务谈判对话资料。因此本测试也需要根据有代表性的商务谈判场景编写适合测试使用的对话。

在商务谈判口译运用测试开发中，作者将借鉴 Wu 和 Stanfield 测试题目编制的方法，引入一个动态的监测机制，在开发的各环节引入职业口译员和口译使用者对每个环节的结果的意见，保持一个动态沟通渠道，以保证测试的真实性。如图 3-5 所示。

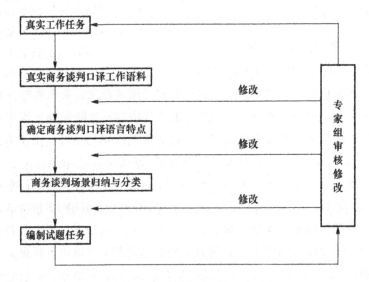

图 3-5 测试开发真实性检测机制

专家组在这个动态机制中的作用尤为重要，这个 8 人专家组将对测试编制的全过程进行监控，并对各环节的结果提出相应的意见。

(2) 实施问卷调查

根据上面的动态监控流程,作者跟随职业口译员观察国际商务口译活动,鉴于活动组织方的要求,作者只能对少部分谈判录音,因此作者对工作场景做了记录,并在工作前后对口译员进行了采访。在采访和对工作地点观察的基础上,列出该工作场景下的交际任务清单、交流话题类别,工作中经常使用技能列表,及对口译质量评价较为重要的因素,并将该清单交由专家组审核。根据他们的反馈修改各部分具体内容,综合以上过程后开始设计调查问卷。问卷从以下五方面设计问题(详见附录五):

① 填表人员语言背景及职业基本信息;
② 商务会谈口译员交际任务列表;
③ 商务口译的工作环境调查;
④ 商务口译的主要话题类别及难度;
⑤ 口译质量评估因素信息。

问卷调查的对象为从业5年以上的职业口译员,商务谈判口译服务使用单位,以及口译专业教师、口译培训师。问卷总共发出了56份,回收有效问卷48份,回收率达86%。其中,职业口译员32名,占有效调查人数的66.7%;口译教学教师12名,占25%;翻译公司口译管理人员3名,占6.3%;各类口译服务使用单位人员9名,占18.8%。

(3) 问卷调查数据的结果和分析

在回收的有效问卷中,作者在以下方面获得了一些数据和结果。

1) 商务谈判主要参与人员

谈判参与人员详情见表3-4。

表3-4 谈判参与人员详情

成员	人数	工作语言	职责
会谈甲方成员	主谈人员一般为1~2人,成员人数规模不定,普通商务会谈5~10人,大型政府间活动涉及几十人	中文	为甲方争取利益最大化
会谈乙方成员	同上	英语	为乙方争取利益最大化
口译员	1~2人	中英双语	根据雇主需求为谈判提供口译服务
技术人员	1~2人	N/a	提供会议所需技术支持

2) 商务谈判口译交际任务的频率

根据实地观察和访谈收集的数据,作者列出了下列口译员要完成的交际任务表(五级量表,1为很少遇到,5为常常遇到),根据回收的数据,得到交际任务频率等级表如表3-5所示。

表 3-5 商务谈判口译交际任务频率列表

序号	频率平均分	交际任务内容	交际任务形式
1	5	在谈判过程中提供中英双向交传	对话
2	4.8	口译工作前对相关材料进行译前准备	使用网络、字典等工具
3	3.52	避免语言文化差异导致的误会,做好跨文化沟通、使谈判顺利进行	对话
4	3.1	对一方或双方提供的幻灯片、图片、图示做目判翻译	图表、数字
5	2.33	对一方或双方现场提出的合同或协议等文本进行视译	文字

根据以上统计,可以看出最主要的交际任务是交传翻译,频率平均分为5,其次是译前准备工作,频率平均分为4.8。之后是会谈中可能遇到的语言文化差异导致的误会或僵局,口译员需灵活应变,做好沟通工作,其频率平均分为3.52。

在交际任务形式上,占突出份额的是对话,其次为图表数字和文字。结合统计数字,对话的形式在比例上(5+3.52)占据了绝对优势。测试任务的形式也将以对话翻译作为最主要题型。数字和图表所占比例也有不少,但和对话(3.1+2.33)相比还是较少,通过随后对职业口译员的访谈,也得到以下进一步的解释。数字和图表翻译以及视译更多出现在译前准备阶段。口译员提前获得的译前准备材料类型不同、体裁各异,都是围绕谈判主题相关的一些信息材料。"用人单位不会特意为口译员制作或整理相关材料,而是把一切他们认为有关的材料都发给口译员,由口译员进行翻译、整理、归纳的工作,如会议日程、参会人员名单、双方可能使用的幻灯片、产品使用、性能说明、补充协议等。这些都会作为准备材料发给口译员。"因此,这提示测试开发者在译前准备材料的筹备上要注意文本类型的多样化和多渠道。

作者将得到的以上结论,再找到上述的8人专家组,请他们审核以上结论。由于该调查的数据来源全部是与商务口译直接相关的一手资料,因此能够反映真实商务口译工作的任务。专家组对此结论认可,认为基本体现了商务会谈口译的常见交际任务,能代表实际工作内容。

3) 商务谈判口译任务难度

为获得商务谈判中经常遇到的交际话题信息,作者从以下几个方面获取数据:

从业 5 年以上的口译员、业界知名的翻译公司、北京语言大学高级翻译学院高级口译课程——商务类主题、北京语言大学国际商学院商务谈判课程以及商务部下属事业单位翻译办公室。对以上几类人群采用面对面访谈、电话访谈、调查问卷等形式获得了以下 10 个常见商务谈判交际话题清单。随后将该清单按任务难度,请受访者打分(5 级量表,1 分最难,5 分最简单),获得数据如表 3-6 所示。

表 3-6 商务谈判口译任务难度列表

等级	复杂程度平均分(1 分最难,5 分最简单)	商务谈判交际话题
1	2.3	合同制定
2	2.3	财务、审计
3	2.4	国际运输
4	2.7	保险
5	3.1	国际支付
6	3.3	贸易规则
7	3.3	业务进度
8	3.5	产品性能介绍
9	3.8	市场营销
10	4.2	报价

以 3 分为中间数值,前 4 个话题难度平均分均低于 3 分,被认为难度较大。后 6 个话题难度大于 3,被认为较为简单。得到该任务难度列表后,作者进一步将这 10 个话题分类。根据话题的内容和特点,合并同类项,得到 4 个类别分别是:
① 贸易、产品、服务、市场、销售、运输;
② 贸易政策、法律、法规、合同;
③ 金融、财务、审计;
④ 广告、信函、会展、报告、商务考察等。

随后,作者将以上分类重新列表,按照前文提到的真实性动态监控流程,再次交由专家组审核评估。此次专家组对于列表难度及分类提出了不同意见,认为分类特点不是特别明确。针对专家组意见,通过对这 4 大类口译话题难度的进一步分析,作者发现涉及某类专业知识的话题难度普遍被认为较高,如财务、法律等。而一般性的商务话题则被认为难度较低,如信函、会展、产品、销售等。作者进一步按商务谈判的一般流程将以上话题分类,以上 4 类话题归纳为贸易类和法律财务类(见表 3-7),其中贸易类常涉及一般性商务话题,而第二类则具有更为专业的商务知识,其难度偏高。

表 3-7　商务谈判话题分类

话题分类	难度类别
贸易类	低—中
法律财会类	中—高

4) 关于口译工作流程

调查问卷以及采访问题的数据分析显示,目前的口译资格证书测试与实际口译工作场景严重不符。口译资格证书测试中考生对所要翻译的话题内容背景完全不知情,测试有很大的随机性。若碰到完全不熟悉的话题类型,则严重影响发挥和成绩。而实际的口译工作中,口译员通常会提前 1~2 天得到雇主提供的背景资料或谈判主题相关的材料,如会议日程、参会人员信息、会谈使用的 PPT 材料等。口译员会在工作前做好查阅相关专业词汇,熟悉话题领域知识等准备工作。对职业口译员来说,没有译前准备是不可能完成好口译任务的。

数据上显示,32 位职业口译员均认为译前准备对口译员实际工作非常重要。作为职业资格测试,这种情况必须改善。一个贴近真实的口译运用测试应该为被试提供本次考试内容相关的关键词或相关信息点,并给予被试一定时间做译前准备工作。54 名受试在完成测试后随即填写了一份关于此次测试的调查问卷,在被问到译前准备的重要性以及对了解谈判话题、完成口译任务是否有帮助时,52 名受试表示非常重要、有很大帮助,2 名表示重要、有一定帮助。

综合调查问卷的数据和实地工作现场观察,以及所收集到的音频资料,作者有以下几个发现。

第一,商务谈判的连续性强。商务谈判因其侧重点不同,谈判的内容也会有侧重。有时谈判会对双方关心的某一个具体问题进行深入探讨的磋商,有时通过谈判也无法达成一致意见,还会择期进行下一次谈判。但这样的谈判情景对口译测试来说并不是最理想的。

第二,商务谈判的专业性强,有时涉及内容背景复杂、过程波折、内容艰涩,且费时磨人。如不是了解谈判的前因后果,很难圆满完成口译工作。因此口译使用单位会尽可能多提供相关谈判主题的背景资料和会议使用的文件、材料等。

本研究开发的语言运用测试是对商务谈判的整体过程的模拟,一方面应该最大限度地贴近真实工作场景,另一方面也要考虑测试实施的经济性和可行性。在一次几十分钟的测试中,不可能呈现最原始的工作场景。试题内容必须经过编写及录制以符合测试场景。将真实性和可行性两者折中,取得最佳的结合才是测试所要追求的理想状态。

根据作者实地工作观察获得的信息,一场长度合适、过程完整的商务谈判通常会包含从商品或服务性能的介绍、价格磋商、付款方式、保险条款、包装要求、运输方式到合同条款这几个环节的协商。这里面包含了中低难度的贸易类话题和中高难度的法律财务类话题。因此在后面编制测试话题时,应该编制这类具有测试可行性的完整商务谈判对话材料,并有针对性的涵盖两类不同难度的话题。

(4) 语类分析(genre analysis)

目标语言领域任务和测试任务的一致性程度是其中最为重要的一个环节。从目标语言使用领域的任务中选择好测试任务将对测试开发有用性原则的实现程度产生重大的影响。如图 3-6 所示。

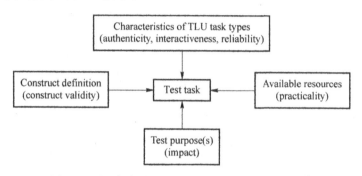

图 3-6　测试任务设计与测试有用性 6 个特征关系①

为了描述目标语言使用领域的语言特点,在语言测试中,可以采用的方法有话语分析、口头描述分析和民族志研究方法(Lumley & Brown,2005)。Mohan(2005)进一步指出,为了评估应试者在特定的情景语境中用语言创造意义的能力,需要采取话语分析的方法分析话语的意义和情景语境的关系,而这个方面,系统功能语言学的情景语境及语类分析最有价值。

通过对国际商务谈判的实地观摩和语料采集,共获得 897 分钟商务谈判真实语音资料,经转写后,获得国际商务谈判对话文本,共计 82 406 字。在商务谈判研究领域,谈判过程通常可以分为四个阶段:开始阶段—报价阶段—磋商阶段—结束阶段(杨晶,2005;李元授,2003;龚荒,2005 等)。开始阶段指双方见面后,相互介绍、寒暄的过程,是谈判的非实质性阶段。报价阶段是实质性阶段的前期,指双方各自提出自己的交易条件,这里的报价不仅仅是字面上的价格,还包括对交易各环节,如包装、运输、保险、支付等方面上提出的交易条件。磋商阶段指报价后,双方

---

① Bachman,Palmer. 1996. Language Testing in Practice. Oxford:Oxford University Press. p172.

对分歧点和利益矛盾进行的讨论、协商,进而使双方立场和观点趋于一致的过程。结束阶段可以细分为成功的谈判和失败的谈判两类。成功的谈判一般会口头宣布成交或书面签订合同。结合上述对商务谈判过程步骤的研究,从语类分析角度看,也是对语篇宏观结构的分析。一个完整的商务谈判都会经过以上四个宏观阶段,然而每一个阶段内的步骤又不尽相同。

Sinclair 和 Coulthard(1975)在对教师和学生课堂互动研究的基础上提出以对应(exchange)为基础进行话语分析,提出课(lesson)→交往(transaction)→对应(exchange)→语步(move)→行为(act)的分析模式。对应分为诱发对应(eliciting exchange)、告知对应(informing exchange)、指示对应(directing exchange),对应的典型结构是 Initiation-Response-Follow-up(I-R-F)。

Coulthard(1977)认为诱发对应的启动语步通常由询问行为(questioning behavior)构成。该类启动语步要求一项语言反应,是发话人根据自身目的选择话语的结果。

告知对应通常以告知行为(informative behavior)为启动语步,以陈述句形式来实现提供新信息的功能。其回应多以确认(acknowledge)为主。

指示对应的启动语步是一个"要求非语言回应",因此该回应语步多为反应(react),属于非言语行为。其多为 I-R 结构。

Coulthard(同上)将构成对应的语步(move)分为三类,见表 3-8。

表 3-8 Coulthard 提出的语步类型(转引自谢群,2013)

启动(initiation)	回应(response)	后续(follow-up)
告知(informative)	确认(acknowledge)	—
指示(directive)	反应(react)/确认(acknowledge)	接受(accept)
		评价(evaluate)
诱发(elicitation)	回答(reply)	评论(comment)

Sinclair 和 Coulthard 提出的 I-R-F 三步结构受到学者们的关注。但是这个话语分析的基本结构是在课堂情景中教师和学生的互动的基础上建立起来的,其对话语分析的范围也受到局限:教师和学生的地位不对等,课堂互动中教师多以设问句启动语步,其互动的特殊性决定了 I-R-F 的三步结构成为主要类型。而商务谈判中,双方地方平等,谈判内容目的性强,谈判过程和互动比课堂复杂得多,Drew

和 Heritage(1992)认为"在很多机构性语境下,三部序列中的第三个话轮的诸多变体①是一个研究机构性谈话互动结构的良好切入点"。根据谢群(2013)②对商务谈判对话互动的研究可以得知,商务谈判对话在不同阶段(stage)的主要对应结构不同。这也符合语类分析的理论:语类本质上反应交际事件和交际目的。交际目的制约着语法词汇项目的选择(Swales,1990)。

因此本节的语类分析主要目的是归纳总结商务谈判对话的不同阶段中互动对应结构的主要类型是什么,有什么样的词汇语法特点,由此提炼出目标语言使用领域的特点。作者从收集的国际商务谈判/会谈的录音资料中找出了具有代表性的几个场景,详细分析、提炼目标语言使用领域的特点。

1) 开始阶段

以下研究者以一段谈判开始的对话为例进行具体分析。谈判开始阶段,双方为了追求合作成功,都会营造一个和谐美好、彬彬有礼的氛围。活动的主要内容通常是问候、介绍、寒暄以及一些人际关系互动。在下面的对话的8个话轮(turn)中,有指示对应和诱发对应两类对应出现。

首先是指示对应。指示对应要求非言语回应。与谈判的其他阶段相比,在开始阶段指示对应出现的频率最高。中方开场对外方表示欢迎后,随即对参与谈判的主要成员进行了介绍。这里省略了中方成员微笑、点头、致意的动作。相应地,外方也对自己的成员进行介绍。双方完成一个简洁而友好的相互介绍开局。

出现较多的另一种对应是诱发对应。第3个话轮中包含2个语步 Ma 和 Mb。Ma 表达了欢迎致意。Mb 以天气为话题,用一个是非问句发出一个由询问行为构成的启动语步,表达了对外方的关切。第4个话轮外方的回答中 Mc 是对询问的语言回应,这就完成了一个诱发对应。随后 Md 又发起了一个陈述语句,表达了对东道主的赞美。第5个话轮中,Me 对外方的赞美表达了感谢。随后再发出一个是非问句 Mf,了解外方对安排的满意度。话轮6中,外方首先给予了肯定回应 Mg,又完成一个诱发对应。随后再次表达了对中方的肯定和赞扬 Mh。话轮7中,Mi 是对赞扬的回应。Mj 用祈使句表达了对谈判结果的期待。话轮8中外方给予了肯定回应。从这样一段简短的对话中可以看出,双方对话友好礼貌,是出于对同一交际目的的追求实现的:营造友好轻松的谈判氛围,为双方顺利开展谈判奠定基础。

(1) 中方:欢迎来自新西兰佳沛国际有限公司的各位谈判代表来都江堰进行

---

① 原文是 Variations in the third turn of three-part sequence.
② 谢群. 2013. 商务谈判对话互动研究[D]. 湖北:华中师范大学.

业务洽谈，我是金色阳光农业科技发展有限公司的总经理吴晓含。首先，我来介绍我们公司的几位代表，这位是财务总监宋柯仁，这位是市场部总监蔡明杰，这位是法律顾问周泳。　　　　　　　　　　　　　　　　　　　　　　　　I1

　　（中方成员示意）　　　　　　　　　　　　　　　　　　　　　　　R1

　　（2）新方：I'm very pleased to come to the beautiful city of Du Jiangyan. I am Zespri's Deputy General Manager of Asia. Now, let me introduce my delegates. This is our CFO. This is our Lawyer.　　　　　　　　　　　　　　　　I2

　　（新方成员示意）　　　　　　　　　　　　　　　　　　　　　　　R2

　　（3）中方：欢迎各位的到来(Ma)。据我所知，新西兰是冬天，而我们成都还是很热的，不知道大家还适应吗？(Mb)　　　　　　　　　　　　　　　　　I3

　　（4）新方：Everything is well! (Mc)Sichuan is a place with pleasant weather and beautiful scenery. The reputation of "Land of Abundance" is really well deserved. (Md)　　　　　　　　　　　　　　　　　　　　　　　　R3

　　（5）中方：谢谢！(Me)不知您对我方安排的都江堰之行还满意吗？(Mf)

　　　　　　　　　　　　　　　　　　　　　　　　　　　　　　F3/I4

　　（6）新方：Oh! Yes! Very impressive. Your consideration is really thoughtful! (Mg) However, the most satisfactory for our staff is your company's acres of planting base, which is really a splendiferous located in China! (Mh)　　　　　　R4

　　（7）中方：您过奖了(Mi)。希望我们此次谈判也能够让双方如此满意！(Mj)

　　　　　　　　　　　　　　　　　　　　　　　　　　　　　　F4/I5

　　（8）新方：Oh, yes, of course. We are also looking forward to it! (Mk) R5

　　从互动结构看，谈判开始阶段由 I-R 以及 I-R-F 结构构成。对话双方使用了3组 I-R 结构，该结构简单明了、干净利落。启动语步对后接成分产生限制和预测，后接成分对启动成分进行回应。另外还有2组 I-R-F 结构。其中的后续步骤 F 不受启动语步的限制与预测，因此是对应结构中的可选（optional）项目。多使用接受、评价或评论性话语。

　　2）报价阶段

　　报价与磋商是谈判的实质性阶段。在报价这一阶段的话语的对应结构与其他两个阶段有不同的特点和规律。这一阶段指示对应出现的概率非常小。这是由指示对应的本质决定的：商务谈判活动双方地位权力平等，命令性的话语较少。报价阶段出现频率较多的是诱发对应，主要是由于双方均倾向用问句开启话轮，获得答案或试探对方意图的交际目的所决定的。我们以谈判录音中一段对货物价格的谈判为例,进行具体分析。

(1) 新方 1：It seems your company's super Kiwi product is in line with our procurement requirements, how much is your product?　　　　　　　　I

(2) 中方 1：您此行准备采购多少？　　　　　　　　　　　　　　　　　Ii

(3) 新方 1：Our tentative purchase is 2 000 tons of super Hongyang kiwifruit, the port of destination is New Zealand Port Auckland, and the arrival time should be before January 15, 2016.　　　　　　　　　　　　　Ri

(4) 中方 1：我方的报价是，奥克兰港到岸价 3 800 美元/公吨。　　　　　R

上面这段对话很有特点,启动语步以问句开始,然而回应不是一个答案,而是另一个问题,这个问题得到答案后才会给出第一个问题的回应。这是很典型的商业买卖的对应结构。产生这种结构的原因是一方没有理解另一方的意图,或是希望得到更多信息后再给出答案。有些学者将这种结构称为插入系列(insertion sequence)或嵌入结构(imbedded)(Schegloff,1972;Merritt,1976)。

I-Ii-Ri-R 这种结构在报价阶段出现的频率非常高,这与该阶段的交际目的非常契合。这一阶段对商务信息的准确性要求很高,这使得谈判双方会对他人的问题进行改造或进一步明确,以免理解上产生的误差给自己带来利益损失。在上面的例子中,中方要明确新方的采购量后才能确定报价,由此回答新方关于产品报价的问题。这类的嵌入结构诱发对应在报价的各个阶段还有很多例子。

商务谈判中的报价不仅仅指价格,还包括对交易各环节,如在包装、运输、保险、支付等方面上提出的交易条件,而一场完整的商务谈判必然会涉及所提到的各个方面。因此对商务谈判的口译这项测试任务的设计应该考虑到报价阶段的实质性意义,加入对除价格外更多的环节和层面的真实情景设计。

3) 磋商阶段

磋商阶段是商务谈判中最为复杂和核心的一个部分,磋商的目的是为了达成共识,在这一阶段双方会采取很多策略来不断寻找双方的共同区域来推动达成共识。因此出现频率较多的是告知对应。

就商务谈判的磋商过程来看,语言交际是话语互动的过程,互动的结果主要有四种：采纳、拒绝、搁置和协商。话语互动是目的协商的体现,其结果形成一个目的协商的连续统。正如图 3-7 所示,目的协商是一个连续统,采纳与拒绝是该连续统的极点。在真实的交际中,完全采纳和完全拒绝的情况比较少见,大部分情况是部分采纳与部分拒绝结合而成的协商性结果。

图 3-7 商务谈判目的协商系统示意图(谢群,2013)

谢群(2013)认为,目的协商是将双方的目标点转变为目标区,当目标区产生交集时双方就可能实现共识;商务谈判是一个既有合作又有竞争,既存在共同利益又存在利益冲突的话语互动过程。谈判中,双方都希望能够将自己的利益最大化。但是,各自利益的实现必须以达成共识为前提,否则谈判破裂,任何人都无利益可言。这样一来,达成共识与各自利益的最大化相互矛盾又相互依存。也就是说,竞争性因素与合作性因素纠缠在一起,无法分开。由此可见,谈判是一种复杂的动态协商过程。

这两条观点对我们这里的商务谈判对话语境特点分析很有借鉴意义。上面转写的这段语篇是非常典型,也是非常常见的贸易谈判磋商阶段的对话。从语篇的宏观结构来看,这段对话是一个不断协调、不断推进的过程。在这个过程中,交谈双方"采取各种策略进行协调,理解对方的话语,对对方的话语做出反应,调节自己对谈话的参与,并试图调节对方的参与,以使谈话能顺利进行,最终达到交际目的"(王得杏,1998)。

磋商的过程就是将双方的目标点转变为目标区的过程,当目标区产生交集时双方就可能实现共识。具体以下面这段磋商对话为例来看。

(5) 新方 1: According to my company's long-term international purchase price, the average price is only 2 000 dollar/ton. Moreover, hongyang kiwi fruit is not that special!

(6) 中方 1:这样说就不对了。国际上普遍认为红阳猕猴桃口感优于国际上选育的任何品种,更以"红色软黄金"的美誉享誉海内外,是无公害、出口型高档水果的优先选择。我这儿有些资料,请大家看大屏幕。

(7) 新方 1: Well, I do not think it very excellent!

(8) 中方 1:那么我们就用贵公司畅销多年的品种进行比较。请大家看这些资料,显然,我们生产的红阳猕猴桃品质明显高于其他品种。我们的报价是非常合理的。

(9) 新方 1: Reasonable? Your offer is outrageous, I really doubt the sincerity of your side. Your side keeps emphasizing high-quality goods and completely ignores our interests. It seems that we simply cannot continue the

negotiation.   R

(10) 中方2:无法继续？如此合理的报价怎么会无法继续？   F1

(11) 中方1:百闻不如一见,百说不如一尝。您远道而来,想必也不想空手而归吧！成事者不拘小节,何必在一个问题上大动干戈呢？下面让我们先来品尝一下红阳的美味吧。   F2+r

(12) 新方1: The Kiwi meat is tender, sweet and refreshing. It tastes good.
                                                                            F3

(13) 中方1:很高兴您能喜欢我方的猕猴桃,如此的美味想必我们双方都不愿放弃吧！

(14) 新方1:Of course! We have travelled thousands of miles, do you think we come just for fun?

(15) 新方2: I heard that your kiwifruit has already matured in this season, I guess the harvest should be very good! If you do not find distribution channels as soon as possible, then the cost of your side and risk will be even greater. I believe our vast distribution network and proven marketing skills will be able to give some effective help.

(16) 中方1:谢谢您能为我方精打细算。我们也从未质疑您的能力。我们知道,贵公司是全球最大的猕猴桃经销商。销售面覆盖包括欧盟、美国、日本等国家和地区在内的所有猕猴桃需求市场。我方也希望通过贵公司将我公司的红阳猕猴桃推向国际市场。

(17) 中方2:考虑到我们双方的相互需求,为表诚意,我方愿意将原报价降至3 500美元/公吨。

(18) 新方1: Just letting 300 dollars? The price is still too high!

(19) 中方1:那么您认为什么样的价格才算合理呢？

(20) 新方1: As for us, the most reasonable offer should be 2 100 dollars/ton. If we cannot reach an agreement at this price, then we have to go to other cities to hunt for deal.

(21) 中方1:您的报价也不见得合理呀！不瞒您说,有很多国外销售商正在与我方洽谈关于红阳猕猴桃的采购问题,而且他们开出的条件都比你们优越。况且,您如果在其他地方采购,根本不可能得到我方这样大的供应量。

(22) 新方1: Even that, your offer should also have a reference, right? The price offered by us is actually founded. According to the current market

situation, the average price of high-grade kiwifruit should be 1 700 dollars/ton. From Chinese mainland to the north of our seaports, shipping need about 400 dollars/ton, and general insurance for fruit products is about 40 dollars/ton. In this way, how can it be achieved just quote your side?

(23) 中方1:1 700美元? 不知贵公司是从何处采购到如此便宜的高档猕猴桃呢? 我方也进行了统计,根据我国官方网站披露的可靠信息,第三代红心猕猴桃的平均价格也在2 000美元以上。您的报价实在让我们很为难。

(24) 新方1: How about 2 800 dollars. This is indeed the highest price we can afford, and exceeding this the price is beyond my ability to decide. What is your opinion?

(25) 中方1:虽然贵方已经做出了一定的让步,但是我方仍然难以接受此价格。通过刚才的分析,相信贵方也明白我方报价的合理性。如果贵方坚持原价格,我们可以按离岸价格成交。

(26) 新方1: Oh no! How can you do that? Frankly speaking, we strongly disagreed the replacement of trade terms. However, if you are willing to cut down the price to our earlier offer, we are happy to increase the quantity to 2 500 tons, in the meantime, we can promise to hold on the long-term friendly relations of cooperation with your company.

(27) 中方1:不好意思,我方坚持3 500美元/吨的报价。并且,我方只能一次性为贵方提供2 200吨的红阳猕猴桃。但如果贵方愿意另购优质绿心"海沃德"300吨,我方愿意将红阳猕猴桃价格降至3 300美元/吨,同时按2 000美元/吨的最低价格出售海沃德猕猴桃。要知道,这可是市场上罕见的低价啊!

(28) 新方1:Okay! We can accept. Whereas, in order to ensure a reasonable risk reduction, all the products should be 10%-plus insured W. P. A., and freshwater rain insurance. And your company should bear all insurance premiums.

双方开始谈判的时候,各自追求的利益目标是一个点:新方希望以2 100美元/吨的价格(19)采购2 000吨猕猴桃(3),中方则希望以3 800美元/吨的价格卖出。双方都希望实现最高利益。但是在双方互动的过程中,双方的利益目标也会互动,通过不断的协商而发生变化,逐渐演变成一个目标区域。(5)~(10)段是双方进行的第一次协商,由于各执各自最高利益目的,没有达成共识,以至出现了焦灼僵局。(15)~(17)段双方进行第二次协商,中方做出了让步(17),报价降低了300美元。

但新方并没有接受。在目的协商的连续统上,双方继续上演采纳和拒绝的戏码。随着谈判的不断深入,(20)~(26)段出现了第三次协商,这一次新方做出了让步,采购价格提高到 2 800 美元,采购量提高到 2 500 吨。当双方的目的区域范围不断扩大直至出现交集时,双方的利益出现重合,共识的可能性就出现了。(27)段中提出了双方的共识目标:3 300 美元/吨销售 2 200 吨红心猕猴桃,2 000 美元/吨销售 300 吨绿心猕猴桃。这样既满足了新方 2 500 吨采购量的需要,也满足了中方以相对高价 3 300 美元销售的目标。这就是共识点。也就是说,目的协商的过程是从点对点的协商到区域与区域的协商,最后又形成一个点的过程。如图 3-8 所示。

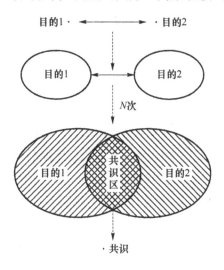

图 3-8　目的磋商过程图示

就磋商阶段的语类分析来看,这一阶段告知对应的使用比例大于诱发对应,而指示对应非常小,甚至不出现。磋商就是双方采取很多策略不断追求自己的利益的过程。谈判双方多采用非问句的启动语步,发话人长以感叹、陈述等句式来行使疑问句的功能。在上面的 23 个话轮中,双方使用陈述句的话轮 15 个,感叹句 3 个,还有几个反问句表达情绪。这也是谈判策略的一种体现。谈判双方在平等友好的前提下,据理力争,陈述自己的理由,有时要使用感叹句、反问句表达一下情绪,使用各种策略争取自己利益。

告知对应常用告知行为作为启动语步,多以陈述句来实现提供新信息的功能。上文在对价格的磋商对话中出现了 I—R—F1—F2+r—F3 结构很有特点。中方使用陈述句 I 对自己的报价进行阐述。新方的回应 R 则使用了一个反问句"reasonable?",以问做答,强调了对其报价的质疑。随后即使用陈述句对自己的利益进行阐述,并表达了强烈的情绪。中方的后续语步F也使用了反问句,谈判陷入了僵局。这时中方的另一个成员给出了另一个后续语步F2+r,使用了祈使句,转变了谈判焦点,缓和了僵局。这里的F2+r既是R的后续语步,又是F3的启动语步。启动了新方对产品品质认可的后续语步F3,成功将磋商僵局打破,保护了双方的利益。这样的谈判策略需要很大的灵活性,这与中方谈判前预设的目标和底线息息相关。若谈判在这里僵持甚至破裂,对双方都不利。磋商阶段的复杂性体现在这个I—R—F1—F2+r—F3结构中,后续语步出现了两个,第二个后续语步起到了缓和局面目的,本身又是对方肯定评价的启动,转换了谈判焦点。对话的后半部分相同结构重复出现,缓慢推进磋商进展。这里仅举出一个对于价格磋商的片段,在整个谈判磋商过程中,针对不同的环节和目标,这样的结构经常出现。因此可以说,商务谈判对话是一个不断协商—推进—协商—推进的过程,具有过程性。

4) 结束阶段

结束阶段的主要内容是对谈判成果的回顾,对谈判双方达成的细节进行确认,有的时候会直接签署一个备忘录或意向性协议,对彼此表达致意。双方的交际目的一致,因此在这个阶段多以I—R(诱发—回应)这样简洁、直接的结构出现,且多以是非问和选择问句形式出现,以免日后产生纠纷。若有签字环节,则还会出现指示对应,请双方做出签字动作作为回应。

5) 小结

以职业背景和机构语境为主要依托的言语互动通常被称为机构话语(institutional discourse)。机构话语不同于日常话语,通常发生在特定的机构场所或背景下,受到各个机构自身规则的影响和限制。而日常话语多发生在非正式的情景下,不受机构场所与成员身份的限制。由此判断,商务谈判是以经济目的为唯一导向的交际活动,因此毫无疑问,具有典型的目的性。同时,商务谈判发生的语境通常为大型的经贸洽谈会、经济合作会议等大规模的商务往来会议,具有明确的机构性。因此,从基本特征上判断,商务谈判属于机构话语。但是,正是因为经济利益是商务活动的唯一驱动力,所以商务谈判中双方平等相待,身份与权力的作用力较小,具有日常话语的去权力化的特征。这一点使商务谈判与法庭互动、侦查讯问等其他机构话语有较大的不同。作者认为,商务谈判话语属于非典型性的机构话语,兼有日常话语的特征。

根据上述语类分析,可以发现商务谈判的宏观结构特征较为明显,每个步骤都有不同的交际目的,决定了每个步骤的语言特征各有特色。有的阶段要求信息高度的准确性和专业性,有的阶段则需要相对的模糊性和灵活性,谈判策略丰富、复杂,且每个步骤环环相扣、紧密相关。

一方面,商务谈判话语作为一种机构话语,有以下特点。

首先,其目的性很强。在国际商务活动,尤其是在国际商务谈判中,获取经济利益是基本目的,价值是谈判的核心。商业的竞争性和趋利性导致谈判各方大都坚守己方的立场并希望他方做出让步,谈判方的立场或者倾向性的意见往往会通过语言形式或其他形式表露出来。

第二,商务谈判话语专业性强。商务谈判的语言形式、词汇、内容与专业密切相关,有时语言的形式比较固定;措辞较为正式规范,讲究简明易懂;在陈述事实、传递信息时,表达要具体准确。

第三,国际商务谈判话语的跨文化交际性强。在国际商务谈判交际活动中,口译员除了利用交际各方提供的基本信息外,还必须机智地多方位捕捉全面的信息,灵活处理交际中出现的问题。

另一方面,商务谈判话语兼具日常话语的口语性特点。口语具有与笔语不同的语音、语法、用词习惯、句子结构等规则,是"说话时使用的语言"。

首先,口语的载体是语言声学特征的声波振动,呈现"转瞬即逝"的特点。口语凭借语音符号传达意义,其语言形式可存留的时间很短。口语的正常语速大概为14音素/秒,最快可超出30音素/秒,平均速度在每分钟100~120个字词(鲍刚,2005)。此外,人们说话的语速根据不同的语言、个人、情绪、场合等有很大的差别。这样就使得听话者留在记忆中的只能是意义而非语言的形式(勒代雷,2002:8)。

第二,口语是互动性交际活动。交际双方需不断地对所发布的信息做出及时的反应,以保证交际的持续进行。在口语交流时,交际的各方可以及时、直接地得到反馈信息,以便于及时做出相应的调整。因此,口译也属于"直接交际"类翻译活动,是一种典型的人际传播活动(刘宓庆,2006)。

第三,口语语言一般具有"信息的模糊性和松散性"等特征(鲍刚,2005:27)。口语语言往往结构松散、信息冗余或简化。在口语中,讲话者有较大的自由度,随时可以对内容和意思进行补充、修改或解释。由于是即时交流,讲话者需要一边思考一边说话,这就使得话语中会出现重复、更正或补充、无实质意义的词、多余的啰嗦之词,甚至在表述上逻辑性和层次感不明显的情况。

第四,胡曙中(1993)和马广惠(2004)曾提出口语还有其他的一些词法、句法、语音等口语体特点。例如,词汇方面,口语常使用小词、单音节词,这些词信手拈来,脱口而出,也易于被听众接受。在句法方面,口译常使用句子较简短、结构较松散的句式,一般单句、并列句和简洁的主从复合句较多,复杂的从句很少出现。在语音方面,口语体发音流畅易上口,大量使用单音节和少音节词。

综合以上分析,我们知道商务谈判话语属于非典型性的机构话语,兼有日常话语的特征。商务谈判话语具有的明确特点还有目的性、专业性、过程协商性。

根据上述工作分析的分析结果和专家组的意见,商务谈判口译测试应明确交际任务的目的。测试主要形式是对谈判双方的进行中英双向交传翻译。谈判测试内容的设计从10小类话题中选取,话题难度平均分布,照顾容易—中等—难的各难度阶段,要体现商务专业性。谈判测试内容设计要有要完整的协商过程,涵盖开局—核心—收尾全程,其中应体现其日常话语特点和机构话语特征。为符合真实口译员工作场景,避免考试随机因素影响,测试应为考生提供译前准备时间及材料。

交传口译工作的强度高、压力大,根据联合国会议同声传译工作人员的工作时长为每20分钟轮换的原则,本测试的谈判录音时间长度不超过25分钟。

考虑到测试的可操作性并控制好环境因素,译前准备时间为40分钟,受试可以使用考场内由测试方提供的电脑和互联网进行准备。

整场测试时长为90分钟。本次商务谈判口译运用测试任务设计如表3-9所示。

表 3-9　商务谈判口译运用测试任务

	阶段	形式	时长	内容
1	译前准备	指定电脑和网络	40分钟	根据所给的谈判相关材料进行译前准备,可使用字典和测试组织方提供的互联网
2	谈判磋商	双向交传	50分钟	听一段完整的商务谈判录音,在预留时间内完成双向交传口译

测试任务设计的方法有3种:
① 直接使用目标语言使用任务;
② 调整并修改目标语言使用任务;
③ 编制全新的测试任务。

某些情况下,目标语言使用任务能够符合有用性原则的几个特征,就可以直接拿来作为测试任务。但通常,我们都需要对目标语言使用任务进行调整和改造才能用于测试。上文已经提到,针对商业保密性要求较为突出的商务谈判活动,以及测试的可行性和经济性角度考虑,原封不动地选取原对话不太现实,因此本研究将采用在原谈判对话基础上进行编制的方式设计测试任务。

综上,测试题目不宜过于简单或呈一般性套话的形式,应有实质内容和主题,按一定逻辑脉络发展,这样测试结果才能有一定的区分度。所选试题内容中国际贸易谈判双方为真实存在的两个公司,谈判也真实存在。研究者首先将原始谈判录音(约为 50 分钟),用 Total Recorder 软件转写在电脑上,并将其中与主题不相关的内容去掉,编制成为一段脉络清晰、过程完整、内容涵盖面全的测试试题录音脚本。试题对话时长控制在 25 分钟左右。为避免涉及商业秘密,在原谈判内容基础上,研究者对谈判双方的人员、谈判中涉及的重点信息,如价格、账号等信息进行了处理。

录制工作由研究者和某电视台编导在专业录音棚录制完成。录制前两人先听取了原谈判录音,熟悉谈判对话的语气和氛围,并对谈判脚本进行研究和排练,确保对谈判内容充分熟悉,力求自然真实展现谈判场景。发言者发音清晰,语速适中,语言频率范围为 500~4 000 Hz。内容不含过于晦涩难懂的专业词汇,信息密集度较为均衡。音频按意群进行切分,给被试留出充足的口译时间,再用语音生成软件 TextAloud 2.303 为测试配上提示音和指导语。剪辑和切分均使用 Adobe Audition 1.5 完成。

4. 测试形式

目前常见的口语或翻译测试形式有面试和机考两种。两种方法各有利弊,具体分析,面试更接近真实的工作环境要求,上海英语高级口译考试就采取的是面试方法,由 2 位考官对考生测试,考官分别对考生打分。考官和考生有直接的交流互动,对考生能力的考察更为直接、全面。缺点是成本高,效率低,评分主观性较大。而机考相对来说经济性更好,每间考场可同时考察 10 多名考生,录下来的影音资料便于评分和复查。缺点是不符合实际工作环境,交际测试的真实性受影响。

表 3-10　面试和机考的优势和弊端

Aspects	oral interview	tape/computer recorded test
Situational authenticity	√	
Objectivity in assessment		√
Economy		√
Efficiency		√

然而,一个测试的开发不得不考虑成本和可操作性。Carroll 在 *The assessment of communicative performance* 一书中提出,一个良好的测试应该具有

几个特点,即 RACE 原则:Relevance,Acceptability,Comparability,Economy。商务谈判口译测试本身就是一种精细化程度很高的测试,受众专业、使用范围精确的特点已经决定了测试的成本较高,考虑到其经济性和可操作性,在考试形式上还是考虑采用以电脑为媒介的机考形式。同时,由工作分析中可以得知,谈判口译员在工作工具上大量依靠电脑以及网络进行译前准备。工作过程中口译员翻译双方成员的谈判对话,这种形式易于在测试环境中使用电脑为媒介模拟真实工作环境;从评分角度来看,便于评分资料的保存和复查,减少其他环境因素对评分员的影响。测试内容决定测试手段,因此综合考虑,本次测试将使用以电脑为媒介的半直接测试形式。

3.3.2 编制测试说明

一个测试中的几类人都需要准确详细的测试说明,如测试开发者,测试使用者和参加测试的人员。测试说明根据面对的不同人群和使用者进行调整。通常,测试开发者是测试说明的主要使用者。在这部分中,将具体谈谈测试说明的编制。

测试说明是规定一个测试要测什么和怎么测的官方文件或陈述。它的作用就如同蓝图一样,可以指导测试开发者的工作,提供测试使用者指导和评估方法。编制测试说明对测试的效度也有很重要的意义。在测试实施过程中,测试说明在具体操作上给予指导。因此测试说明要涵盖与该测试相关的方方面面的信息,并能为测试过程中遇到的问题提供解答。

作为一种交际运用测试,商务谈判口译测试的测试说明尤为重要。正如一个职业口译员在获得口译任务的时候需要和口译雇佣方进行沟通。尤其是商务谈判口译,口译员不但要准确传达交流内容,还要了解雇主对谈判的预期,谈判底线和原则,才能更好地把握谈判风格,做到完整、准确地达意。

商务谈判本身变化性大,目的性强,口译员需随时把握现场氛围,注意语言表达细节,有时还要做好双方的文化障碍消除者,充当谈判润滑剂,避免双方陷入僵局。因此在编制本测试考试说明时,要向被试说明口译服务雇佣方的情况,雇主在本场谈判的预期、目标、底线和原则。让被试清晰了解自己接受的交际任务,明确交际任务目的,调整好自身的位置和心态。详细的说明见附录。

1. 测试的目的、类型

测试的目的应当在测试的最开始就明确提出。测试的目的应该准确、清晰,兼具宏观和微观特征。测试的目的影响、决定测试的内容,同时也将决定测试的类型。

本测试主要服务于商务口译活动为主的职业口译员和准职业口译者,以及高等院校口译专业研究生,用以考察其在商务环境下,是否具有胜任国际商务会谈口译工作的能力。测试结果可以为口译教师对判断该学生是否适合从事商务口译工作提供依据,也可以为用人单位提供录取依据。

本测试是专门用途语言运用测试,评估方式属于标准参照模式。由于该测试对被试的职业和学业产生直接影响,因此是一次高风险测试。

2. 被试特点

参加该测试的人员即被试,他们的特征也需要被描述。根据 Bachman 和 Palmer,以下四类被试特征与测试开发有关:第一,个人情况,如年龄、性别、国籍、母语信息、教育背景、以往测试参加经历、测试准备程度等;第二,主题知识,包括:专业领域知识、文化背景知识(包括源语及目标语文化)等;第三,语言能力水平信息,对翻译测试来说,这指的是双语语言水平;第四,对测试任务的潜在情感反应,总体是积极的还是消极的。以上每个方面对会对情感反应产生影响。不同特征的被试在同一个测试中的表现都不相同。

商务口译运用测试的被试特点如下。

个人情况:被试为口译专业一年级研究生和翻译学院大学四年级学生,中国公民,母语为中文,英语是第二语言。这些学生在初中级教育阶段接受过至少 10 年英语学习。本科教育阶段为英语专业学生,已经学习了 1~2 年口笔译课程。

被试为刚刚进入职场的口译新人,母语为中文,具有的英语水平相当于高等院校英语专业本科毕业生,并具有至少 2 年的商务领域翻译训练或实践。

主题知识:有商务领域基本知识和中英双语文化知识。

语言能力:具有英语专业八级证书,即中级以上英语水平。

3. 测试任务说明

测试说明中要包括对测试任务的详细说明,主要包括测试内容和方法。这两个方面都是根据工作分析得出的。

商务谈判口译运用测试分为以下两个环节,其主要内容和分值情况见表 3-11。

表 3-11 商务谈判口译运用测试内容及分值

	阶段	内容	时长	分值
1	译前准备	根据所给相关资料进行准备,可使用字典和测试组织方提供的互联网	40 分钟	N/A
2	完整谈判磋商	双向交传	50 分钟	100%

考试范围：商务谈判职业口译员工作中较为常见的一般交际任务。

考试方式：电脑辅助的机考。考生的语言表现将被全程录音。

3.3.3 评分量表

根据能力测试与运用测试的不同模式，我们已经知道，语言运用测试的最大特点就是有评分员的加入。由于评分员的介入，运用测试一直被认为具有很低的信度。但科学的量表设计、详细的等级描述无疑是提高评分信度的保障。不仅如此，评分量表的设计也同测试的效度牢牢捆绑在一起，正如 McNamara(1996) 所言，"用于行为测试的评分量表，或明确地或隐晦地反映了测试开发的理论基础，体现了量表开发者对要测量哪些技能或能力所持有的理念，因此，量表的开发以及量表中每个等级的描述对于测量的效度至关重要。"[①](Weigle, 2002:109)

1. 口译质量评价的研究

国外许多学者对口译质量标准提出了各自的观点和见解。1986 年，Buhler 第一个提出了关于口译质量期望的实证报告。在其研究中，他要求 47 位口译人员根据各自认为的重要程度给 16 个质量评估的标准排列顺序，结果前 9 位依次是：①原语意思的转译；②译语前后一致；③翻译完整；④译语的语法正确；⑤译语与原语风格一致；⑥术语正确；⑦语音语调正确；⑧翻译流畅；⑨译员的声音悦耳(Buhler, 1986:231-235)。

后来，其他学者所进行的研究基本上在 Buhler 这一框架中展开。例如，Kurz (1993:313-324) 的研究也得出口译中的译语要意思正确，前后逻辑要一致，术语要正确的结论。Marrone(1993:35-41) 在对口译质量做了评价调查后指出，人们比较重视翻译意思的完整性、对原文的忠实度以及术语的准确性。1995 年 Mack 和 Cattaruzza 对 5 个双语会议进行的调查结果表明，一个理想的译者应该完整准确地把发言者的意思翻译出来(鲍晓英, 2006:403)。法国释意学派创始人赛莱丝科维奇则认为，口译是一种解释性翻译，它的唯一宗旨是"达意"，它的标准是"达意、通顺"(冯建中, 2005:54)。

---

① 原文为：As McNamara (1996) notes, the scale that is used in assessing performance tasks such as writing tests represents, implicitly or explicitly, the theoretical basis upon which the test is founded; that is, it embodies the test (or the scale) developer's notion of what skills or abilities are being measured by the test. For this reason, the development of a scale (or set of scales) and the descriptors for each scale level are of critical importance for the validity of the assessment.

此外，不同的国际组织机构对口译质量也提出了不同标准和要求。作为世界上最大的口译专业组织，国际会议口译员协会（AIIC）认为高质量的翻译应该做到"听众通过耳机听到的与源语听众直接从发言人那里听到的具有同等效果。不仅信息内容毫无二致，而且要同源语一样清楚，风格也要一致"（王东志、王立弟，2007:54）。AIIC判断申请人水平的标准依次为：忠实、清楚、流利度、术语、完整性、语法、音质和口音（同上）。欧盟口译司（SCIC）的口译标准包括：①表达严谨、前后一致；②忠实于发言人（内容和风格）；③听众的交流；④沉着稳定的表达；⑤避免直译或字对字翻译；⑥准确自然地使用目的语言（Barik，1971）。联合国是大量使用同声传译的地方。为了保证质量，联合国为同声传译确定了质量标准，主要包括：翻译的完整性、准确性、词汇与声音的运用、句法与风格、话筒的使用习惯、原语有关的知识等（张维为，1999:195）。

国内有关翻译的标准，古今学者历来有许多不同的说法，可谓"仁者见仁，智者见智"。但是在我国翻译界影响力最大的，并堪称译学核心理论的是严复所提出的"信、达、雅"标准。然而"信、达、雅"翻译标准却主要是针对笔译而言的，这对于口译来说未必合适。口译的即席性、现场性和限时性等特点决定了口译的标准与笔译的标准应有所不同。国内许多学者对口译质量标准也提出了自己的观点。

李越然（1999）把口译质量标准概括为"准、顺、快"。"准"——忠实于原语的思想内容及特定情境下的感情；"顺"——译语形式应符合中外语言的各自规范，并同发言人的语体风格基本保持同一；"快"——在"准"和顺"的基础上做到及时表达。蔡小红、方凡泉（2003）运用"等效原则"的原理，提出了口译六大标准：及时、准确、完整、易懂、自然、流利。

梅德明（2003:9-10）在他的《中级口译教程》中将口译标准定为"准确"与"流利"。其中，"准确"是指"要求译员将来源语这一方的信息完整无误地传达给目标语那一方"；"流利"是指在确保"准确"的前提下，译员应迅速流畅地将一方的信息传译给另一方。

鲍刚（2005:267）在《口译理论概述》中强调，口译的标准可以概括为"全面、准确、通畅"六个字。"全面"是指原语所谓"纯"信息领域中内容要点的全面，以及重要的原语意象和原语内涵意义的全面。"准确"是指关键内涵意义的准确，以及重要的术语、数字等代码转换的准确，而非所有语汇层次上的"准确"；"通畅"是指双语的通达、流畅性，以及译员其他相关的译语表达技术的完善，保证双语交际的良好效果。

另外，中国翻译协会（TAC）已提出了翻译服务的质量标准体系。其中有关口译部分的翻译服务规范规定为"口译员用清楚、自然的目的语,准确、完整地重新表达源语言的全部信息内容"(王东志,2007:54)。

通过对比(见表3-12),我们可发现国内外主要翻译组织的口译质量标准各有其特点,大致涵盖以下方面的内容:①信息的忠实与准确;②信息的完整性;③表达的流利与自然;④声音与口音;⑤词汇、术语与句法。其中"信息的忠实与准确""信息的完整性"和"表达的流利与自然"为口译质量标准的主要内容。

表3-12　国际会议口译员协会(AIIC)、欧盟口译司(SCIC)、联合国(UN)和中国翻译协会(TAC)的口译质量标准对比

行业组织	AIIC	SCIC	UN	TAC
质量标准	忠实;清楚;流利度;术语;完整性;语法;音质;口音	忠实、连贯;与听众的交流;表达沉着稳定;避免直译;译文准确自然	翻译的完整性、准确性;词汇与声音的运用;句法与风格;话筒的使用习惯;原语有关的知识等	用清楚、自然的目的语,准确、完整地重新表达源语言的全部信息内容

通过以上文献梳理不难发现,对口译质量的评价还基本处于语言测试领域认为的前科学阶段,即测试评价标准往往是由专家根据自己的经验、价值观和专业知识归纳而来,或者是使用整体印象评分。这样的评分方法往往是基于直觉的,没有实证检验。从测试学角度来看,缺乏系统性和科学性。现代测试学上的测试一般应该满足以下几个条件:受试必须完成相应的测试任务;测试一般都提供一系列的测试说明,完成的测试由一个或多个受过培训的评分员评分,评分按照一定的标准进行,评分的结果一般是分数(Weigle,2000)。

制订评分量表的时候要考虑的要素包括:评分量表性质如何;采用分项评分还是整体评分;如果采用分项评分量表,要设置几个分项,每个分项设置几个挡位等。对这些问题的回答都是评分量表有效性的研究,也是对本研究测试效度研究的重要内容。

2. 整体评分量表与分项评分量表

根据评分方式的不同,评分量表也主要包括以下三类(Weigle 2002:109)。

第一类为首要特质量表(primary traits scale),该量表通常为某个特定的任务而设计,每个特质在各个等级的描述是非常具体和详细的。虽然这类量表可以提供丰富的信息,对第二语言学习者尤为有效,但因其使用范围过小,所以不经常用于语言测试中。

第二类是整体评分量表(global/holistic scale),整体量表对应的是整体评分

法，评分者根据量表各等级的综合描述对考生表现给出一个单一的分数。有研究显示(Diederich,1974;Cooper,1977)使用整体评分量表，评分员间信度会比较高，可达到 0.7 到 0.8 之间，如果评分员具有相同背景，且经过良好培训，信度可达到 0.9。近几年来，整体量表因其经济、灵活等特性，非常受欢迎，特别是在大规模的考试中被广泛使用。

第三类是分项评分量表(analytic scale)或分析性量表，分析性量表对应的是分析性评分。该量表的原理是所测的潜质(latent trait)是可分的，由几个子成分或分项构成。每一个子能力对应一个评分量表，评分员需要依据受试者在不同分项的表现依次打分，受试者最后的分数为几项成绩的综合(加权或简单相加)。

Weigle(2002:121)以上述 Bachman 和 Palmer(1996)提出的测试有用性框架为基础，从测试的六个品质对整体和分析性评分量表进行了详细的比对，见表 3-13。

表 3-13　Weigle 对整体与分项评分量表的区分

品质	整体评分量表	分项评分量表
信度	比分项量表低，但可以接受	比整体量表高
构念效度	假定能力中的各方面的发展是同步的，这些不同侧面可以体现在一个分数中	能力中各方面的发展不是同步的
真实性	整体阅读比分项阅读更符合实际情况	评分员可能会进行整体阅读然后将分项评分进行调整，有意趋向于整体印象分
实用性	相对简单和快捷	耗时长、费用高
后效性	单个分数可能会掩盖能力中各侧面发展的不均衡性，对分级会造成误导	可以为分级、教学和培训提供有用的诊断信息

从两类量表的比较可以看到，整体量表具有简单、快捷的特点，且信度较高。但整体评分标准的描述中往往包含过多的考察因素，而各因素之间没有阐明权重关系，因此造成整体评分方式较为主观，很难避免评分员效应的产生。Weigle (2002:114)表示"整体评分量表是以牺牲效度为代价来获取评分员间的高信度，因此近几年来一直饱受批评"，不仅如此，整体评分量表也被质疑缺乏理论基础(Shaw,2002)。

分项评分标准则可以较好地弥补这一缺陷，将影响口译质量的各因素按重要性进行加权，然后分别对各项评分细则进行说明，使评分员更好地把握权重。因此越来越多的口译测试及大学、口译培训评价开始以分项评分标准为主。很多语言测试领域的研究者(Bachman & Palmer,1996:209-211; Weigle,2002:119-20;

Shaw,2002:10-12;Weir,2005:189-190)表示,分项量表虽然费时,但却能为师生提供必要的诊断信息,特别是对于第二语言学习者来说,分项量表可以使他们明确哪些方面存在不足。此外,分项量表更有助于评分员培训,尤其是对"新手"的培训(Cohen,1994;McNamara,1996)。

  Carroll(1980)所倡导的九分制评分方法就是综合评分方法。该方法采用的评分量表包含分数、标签和行为描述。评分人根据应试者的测试表现给予分数等级。应试者的分数有明确含义,每一个分数对应的行为描述可以说明应试者完成测试任务的情况,即能用测试语言完成的交际任务的情况。如表3-14所示。

表3-14 Carroll 的总体评分量表

Band	
9	权威使用者(Expert use):交际行为具有权威性、精确性、得体性;英语惯用语和专门英语运用自如
8	优秀使用者(Very good user):清楚、合乎逻辑地讨论话题,文体恰当,能理解情感态度标记;几乎达到双语水平
7	良好使用者(good user):能够应付大多数英语使用情景;虽偶有失误或能力欠缺,但不影响交际
6	合格使用者(competent user):虽能应付可能遇到的大多数英语使用情景,但流利程度和准确性上仍有欠缺;有时会产生误解或出现严重错误
5	欠缺使用者(modest user):尽管能设法交际,但经常使用不精确和不得体的语言
4	边缘使用者(marginal user):缺乏文体、精确性和得体性;与其交际有困难,发音与语言用法会引起误解,可以勉强应付生活用语,不至于出现交际崩溃
3	极端欠缺使用者(extremely limited user):不具备日常交际所需的基本知识,但好于纯粹初学者;理解与生成技能都不足以连续交际
2	断断续续使用者(intermittent user):语言运用水平与满足日常交际需要相去甚远;交际时断时续
1/0	非语言使用者(non-user):甚至可能不能确定对方在使用哪一种语言

  国内学者王振亚(2012b)以韩礼德的系统功能语言学为理论基础,借鉴了语言测试中交际语言运用测试模型,提出了功能主义翻译运用测试模型,并开发了整体和分项评分量表。

  王振亚开发的整体量表借鉴了Carroll(1980)的交际语言测试评分量表,包括从非译者到专家级译者9个等级,见表3-15。该整体量表的开发从理论上吸取了运用测试模式,从设计上参照了语言测试中的交际性评分量表,理论基础与实践依据兼备。因此,此量表将在本研究中作为商务谈判口译测试整体量表开发的重要参考,是本研究效验证据来源之一。

表 3-15 王振亚的功能主义翻译运用测试九级整体评分量表

9	专家级译者:理解准确,译文表意准确,语言精确,文体适当,具有权威性
8	优秀译者:理解准确,译文表意准确,语言精确,文体适当,只有少数地方达不到专家级译者的水平
7	良好译者:能完成绝大多数翻译任务,翻译准确,偶有理解不准确和翻译不当的情况,但不影响大局
6	胜任的译者:尽管能够完成大多数翻译任务,但翻译的流畅性和准确性有一定缺陷,并偶有实质性的误解和误译
5	欠缺译者:尽管能够应付一般翻译任务,但翻译的准确性和得体性都有欠缺
4	边缘译者:理解不够全面、准确;译文不够流畅、精确,文体上也有欠缺;尽管有误译,还能把翻译工作坚持下来
3	极度欠缺译者:不能完成日常翻译任务,误译情况较多
2	断断续续的译者:不能完成日常翻译任务,误译的情况多于正确翻译的情况
1	非译者:语言理解和生成能力都不足以进行翻译

借鉴以上陈述和方法介绍,作为典型的运用测试,本研究开发的商务谈判口译测试借鉴王振亚的功能主义翻译运用测试九级整体评分量表,制定一个适用于本测试的新整体量表。结合前文工作分析中对商务谈判口译任务的描述,制定的整体量表见表 3-16。

表 3-16 商务谈判口译运用测试整体评分量表

分值	评价	评分标准
9分	专业谈判口译	理解准确,表意准确,语言精确,灵活得体,具有权威性
8分	优秀谈判口译	理解准确,表意准确,语言精确,灵活得体,只有少数地方达不到专家级译者的水平
7分	良好谈判口译	能完成绝大多数翻译任务,翻译准确,偶有理解不准确和翻译不当的情况,但不影响大局
6分	胜任谈判口译	尽管能够完成大多数翻译任务,但翻译的流畅性和准确性有一定缺陷,并偶有实质性的误解和误译
5分	能力欠缺谈判口译	尽管能够应付一般翻译任务,但翻译的准确性和得体性都有欠缺

续表

分值	评价	评分标准
4分	边缘谈判口译	理解不够全面、准确;译文不够流畅、精确,得体性上也有欠缺;尽管有误译,还能把翻译工作坚持下来
3分	极度欠缺谈判口译	不能完成谈判翻译任务,误译情况较多
2分	断断续续的谈判口译	不能完成谈判翻译任务,误译的情况多于正确翻译的情况
1分	非谈判口译	语言理解和生成能力都不足以进行谈判口译

在这个9级量表中,作者将对商务谈判口译员整体评价分为:专业谈判口译、流利谈判口译、良好谈判口译、胜任谈判口译、及格谈判口译、能力欠缺谈判口译、边缘谈判口译、极度欠缺谈判口译、非谈判口译9个等级。每个等级中对商务谈判口译员的表现进行了描述。

该量表将与后面的开发的分项量表进行效标关联检验。

3. 商务谈判口译运用测试分项评分量表

运用测试与能力测试模型最大的不同在于评分量表和评分员的参与。因此对商务谈判口译运用测试来说,评分量表的制定也是测试开发中尤为重要的一个环节,将直接影响测试的信效度。为了提高交传口译这种主观性较强的测试的信效度,作者将以工作分析和运用测试开发设计的框架为基础设计评分量表。商务谈判口译运用测试是研究者自行开发,要根据评分量表的范式制定,量表采用分项评分的方法,每个分项分为若干等次,所设计的量表是否合理要进行实证研究,所开发量表的信效度将通过进行内部一致性检验、评分员间信度以及效标关联等方法进行检验。

Bachman(2010)指出,设计测试量表的要求之一就是使量表的描述语尽量接近真实语言使用任务下对语言运用的要求。对量表的描述可以独立于任务,也可以依赖于任务(Davies,2012)。独立于任务的量表描述更注重对所测的抽象的语言能力的描述,而依赖于任务的量表描述更注重具体任务的特点和现实中对语言运用的要求。因此商务谈判口译测试的量表将采用依赖于任务的描述性量表。

Upshur 和 Turner(1995)采用专家评议的方法构建"基于实证、二元选择、边界定义"[①]的方法(简称 EBB)制定了写作行为测试的量表。具体方法可以采用评

---

① 原文为:empirically derived, binary choice, boundry scales, EBB

分人对有代表性的样本进行排序,找出可以区分不同样本的口译水平的特点,在此基础上设置描述语来制定量表。这样的方法正好与前文所做的工作分析的方法和结果可以结合。

在工作分析阶段,经过对实际工作场景的观摩、对职业口译员的采访观察结合口译质量评估相关文献的阅读和分析,作者列出了对口译产品质量评价有影响的十多个重要因素,分别为:信息完整、表达流畅、逻辑条理、专业术语、语法准确、灵活得体、声音质量、语音语调、翻译风格、笔记水平、心理素质、使用工具水平、应变能力。随后,作者将该列表递交专家组审核。

鉴于本次测试针对的是职业口译员的资格测试,专家组评议后建议评分的重点应关注在口译产品和交际任务完成上,而对口译过程和口译技巧等方面的评价不是本研究的重点,应该去掉。修改列表留下了针对口译产品和交际任务完成方面的7个因素。随后作者制作调查问卷,向职业口译员和口译服务使用人员发放并收集数据。在回收的48分调查问卷中,对第6题"对商务谈判口译产品评估的重要因素"的统计得到表3-17。

表3-17 对商务谈判口译产品评估的调查统计

等级	重要性平均分	评分因素
1	4.83	信息完整准确
2	4.8	表达连贯流畅
3	4.6	逻辑条理
3	4.43	灵活得体
5	4.16	专业术语
6	3.8	语法准确
7	3.6	语音语调

由此,对商务谈判口译来说,在评分标准上,按重要性排名前3名的依次为:信息完整准确、表达流畅、逻辑条理。而一般对口译质量评价中认为非常重要的语法准确和专业术语则分别排在第5位和第4位,这体现了商务谈判口译话语的特点。

对此作者特意采访了有10年工作经验的自由职业口译员和企业雇主。通过对他们的深入采访,作者了解到实际真实工作条件下对职业口译员的水平和能力的评价中,最重要的是完成好雇主交予的任务,为雇主提供满意的服务。对于商务谈判这种机构话语来说,谈判目的性很强,事关谈判双方利益,具有一定的正式度和严肃性,但同时谈判中语言使用也具有日常口语的特点,零散、重复、逻辑性差也时有发生,口译员应该调整策略,适当删增并调,提高工作效率。还有一些情况下,谈判双方说话讲究策略方法,语言常常具有模糊性,中外谈判情景中还有文化差异甚至冲突,这时要求口译员具有跨文化意识,协助雇主理解对方的真正用意。商务谈判的场面瞬息万变,利益重大,对口译员的要求非常全面。

职业口译员说,实际工作中,口译并不意味着要字词一一对应,而更加表现为对信息整体意义的把握,这里包含了对商务专业知识和文化的了解。而任何一个业内认可的职业口译员都应该具有良好的译前准备能力和方法。没有任何口译员可以懂得所有知识,有一些基本的商务知识是应该事先具备的,但每一次的谈判的内容都不会相同还会涉及方方面面的知识,口译员应该做好译前准备,尽可能多地获取谈判相关的资料,提前查阅学习。通常职业口译员在工作开始前1天从雇主那里获得谈判主题、谈判背景、谈判历史、谈判目标以及双方出席人员情况等相关背景资料,通过查阅学习,列出谈判涉及的主要内容的专业词汇表。因此专业术语及专业知识这一条完全可以通过译前准备获得,不是影响口译员真实水平的重要标准。

而企业雇主的访谈进一步证实了对口译员水平评价的标准。对雇主来说,最重要的是及时、准确、全面的与谈判对方交换信息和意见,避免因语言文化导致的误解和冲突,当冲突产生时,口译员不激化矛盾,灵活处理,为谈判回转留下余地,使得交流渠道畅通无阻碍。

经过以上研究流程:综合工作分析、专家评议、调查问卷和访谈的结果,作者设计了一个3分项5等级评分量表,见表3-18。

表3-18 商务谈判口译运用测试分项评分量表

分项	描述
信息完整准确(内容)	a. 口译员必须准确理解谈判内容,准确传达信息,无误译,重要的信息点包括数字(金额、日期、时间),专业术语,名称(地名、人名、机构名)等 b. 口译内容完整,在谈判关键环节上无遗漏,关键点包括:产品信息、货运、包装、支付方式、保险、检验检疫、合同条款等
连贯流畅(表达)	a. 表达连贯、流畅,没有停顿、重复、修正 b. 逻辑清晰简洁,结构紧凑 c. 反应快速,语速适中,在预留时间内完成口译 (试题录音将预留和发言人同等长度的时间以供口译员翻译,口译员培训规定翻译长度不超过发言人说话长度的三分之二)①

① 根据北京语言大学高级翻译学院高级口译教学要求

续表

分项	描述
灵活得体 （整体表现）	a. 口译风格得体,符合谈判不同阶段、不同情境的需要 b. 沉稳自信,遇到翻译困难不慌张 c. 有丰富的商务专业及文化知识 d. 符合雇主需求,协助雇主完成谈判 e. 灵活处理突发情况

三个分项的具体描述见表3-19、3-20、3-21。

表 3-19 商务口译运用测试分项评分量表内容分项

等级	描述
5	口译信息完整、准确,关键信息点无遗漏,无误译
4	信息较为完整、准确,关键信息点基本完整,有个别遗漏,没有重大误译
3	信息基本完整、准确,但关键信息点有少量遗漏,有误译
2	信息的完整、准确性较差,关键信息点有较多遗漏和错误
1	信息不完整,准确性很差,关键信息点几乎没有翻译出来,信息缺失过多

表 3-20 商务谈判口译运用测试分项评分量表表达分项

等级	描述
5	表达连贯流畅,逻辑清晰,基本没有停顿、重复,反应快速,语速流利
4	表达较为连贯,逻辑比较清晰,语言比较流畅,有少量停顿,但不影响整体流畅度,反应较快,语速适中
3	表达基本连贯,逻辑基本清晰,但有较多停顿,整体略显松散,反应有时较慢,语速较慢,偶尔有超过预留时间现象
2	表达的连贯性较差,逻辑不够清晰,有大量停顿,整体表现松散,反应慢,语速慢,有较多预留时间内完不成口译的现象
1	表达不连贯,逻辑凌乱,语言断断续续,不能在预留时间内完成口译

表 3-21 商务谈判口译运用测试分项评分量表整体表现分项

等级	描述
5	口译风格得体,沉稳自信,具有丰富的商务专业及文化知识,充分理解谈判雇主需求,能灵活淡化处理谈判中的冲突及僵局
4	风格较为得体,具有较充足的商务专业及文化知识,遇到困难时有时能灵活处理,但略显不自信;理解雇主需求,较为灵活得体地处理谈判冲突及僵局

续表

等级	描述
3	基本符合谈判要求,具有一定的商务专业和文化知识,遇到困难时不自信,灵活处理能力较弱,基本符合雇主需求,具有处理谈判冲突及僵局的意识,但灵活度欠佳
2	不太符合谈判要求,不自信,商务专业及文化知识不足,遇到困难不能灵活处理,没有充分理解雇主需求,处理冲突及僵局意识欠缺
1	不具备商务专业和文化知识,没有意识到谈判雇主的需求,不具备处理谈判冲突及僵局的意识,口译任务无法完成

上述各分项量表可在对评分员进行培训或正式评阅前使用,在评分过程中可使用简化的量表,见表3-22。

表 3-22 简化后的分项评分量表

分项 等级	完整准确	连贯流畅	灵活得体
5分	口译信息完整、准确,关键信息点无遗漏、无误译	表达连贯流畅,逻辑清晰,基本没有停顿、重复,反应快速、语速流利	口译风格得体,沉稳自信,具有丰富的商务专业及文化知识,充分理解谈判雇主需求,能灵活淡化处理谈判中的冲突及僵局
4分	信息较为完整、准确,关键信息点基本完整,有个别遗漏,没有重大误译	表达较为连贯,逻辑比较清晰,语言比较流畅,有少量停顿,但不影响整体流畅度,反应较快,语速适中	风格较为得体,具有较充足的商务专业及文化知识,遇到困难时有时能灵活处理,但略显不自信;理解雇主需求,较为灵活得体地处理谈判冲突及僵局
3分	信息基本完整、准确,但关键信息点有少量遗漏,有误译	表达基本连贯,逻辑基本清晰,但有较多停顿,整体略显松散,反应有时较慢,语速较慢,偶尔有超过预留时间现象	基本符合谈判要求,具有一定的商务专业和文化知识,遇到困难时不自信,灵活处理能力较弱;基本符合雇主需求,具有处理谈判冲突及僵局的意识,但灵活度欠佳
2分	信息的完整、准确性较差,关键信息点有较多遗漏和错误	表达的连贯性较差,逻辑不够清晰,有大量停顿,整体表现松散,反应慢,语速慢,有较多预留时间内完不成口译的现象	不太符合谈判要求,不自信,商务专业及文化知识不足,遇到困难不能灵活处理,没有充分理解雇主需求

续表

分项 等级	完整准确	连贯流畅	灵活得体
1分	信息不完整,准确性很差,关键信息点几乎没有翻译出来,信息缺失过多	表达不连贯,逻辑凌乱,语言断断续续,不能在预留时间内完成口译	不具备商务专业和文化知识,没有意识到谈判雇主的需求,不具备处理谈判冲突及僵局的意识,口译任务无法完成

在评分员打分时使用的是表 3-23,评分员在对学生的口译录音进行评分时,可以对照简化的评分量表在打分表上为每个分项依次打出分数。

表 3-23 评分员打分表

考生姓名:			考生编号:		
考察点	评分				
完整准确	1	2	3	4	5
连贯流畅	1	2	3	4	5
灵活得体	1	3	4	5	5

3.3.4 预实验

本研究开发测试为交际运用测试,使用计算机媒介半直接测试形式,考试分译前准备和正式口译两个阶段,全程共计 90 分钟。考生需要使用指定的计算机和网络查阅译前准备材料。考试测试答题需使用试听多媒体器材辅助,考试答题需同时录制在计算机上。根据以上描述可以预想到,测试过程步骤较为复杂,对考场设备要求较高。为保证测试有效顺利进行,特安排了预实验。目的在于培训考试工作人员,检验考场设备,检查考场环境。

预实验的另一个重要目的就是对参加预实验的考生进行口头报告分析,这将为测试的构念效度验证提供证据,并观察测试任务所考察到的具体能力。同时还将通过实验对两名评分员做评分培训,提高他们之间评分的一致性。

预实验安排 5 名高级翻译学院一年级研究生参加。测试地点为高校多媒体教室，配备的电脑均为同一型号产品，计算机为电教人员统一管理，使用相同的操作系统和软硬件设备。预实验开始前，研究者向5名考生详细介绍了研究目的、测试形式和流程。随后对如何操作多媒体播放及录音设备进行培训。考生可以就测试过程和形式提问，随后，给考生播放一段音乐，请考生调试耳机音量；请考生调适座椅，调节话筒位置，用自己认为适当的音量报出自己的学号和姓名；考场工作人员随即检查录音质量；请考生使用计算机键盘和鼠标，并打开网页测试网络连接情况。设备调适完毕后，考生休息5分钟。

预实验开始后，首先将测试试题页发给考生，上面有3段测试指导语，介绍了测试形式、测试时长，重点介绍了测试的交际场景、考生角色定位、考生主要工作内容以及测试考察角度。这些部分用黑体标出（详见附录二）。

随后发给考生译前准备材料，材料分两份。第一份是word文档（详见附录三），打印好发给考生。该份材料包含了谈判双方成员名单、谈判主题、谈判流程、中方谈判目标以及相关专业词汇表。第二份材料是powerpoint材料（详见附录三），已由研究者事先拷贝在考场内计算机桌面。考生需要使用计算机浏览。该份材料为谈判主题内容相关的背景资料，包括产品基本信息、产品质量认证、产品优势、产品功能等。该资料有助于考生尽快了解谈判内容，其中信息并不一定在试题中出现。

考生可以使用计算机和网络对这两份材料进行查阅和准备，考场提供草稿纸和笔，考生可以在译前准备阶段做笔记。译前准备时间为40分钟。

随后开始播放试题。试题录音中的谈判双方交替发言，每人发言长度根据谈判环节与内容长度不一，最长不超过150个字/单词。每一方发言后均预留相等长度的空白时间，请考生答题。双方谈判时长为25分钟，实际时长为50分钟。

Green（1998）提出口头报告的方式旨在通过言语表现分析报告者头脑中的认知过程，主要有三种形式：第一，同期口头报告或同期内省（concurrent introspection），也称有声思维（think aloud），顾名思义，考生一边作答一边陈述思维过程；第二，反思口头报告（retrospective verbal reporting），即考生在答题结束后立刻回忆之前的思维过程并进行口头报告；第三，受激回忆（simulated recall），即研究人员使用已收集到的考试测试录音或录像刺激调动研究对象进行反思口头报告。国内学者孔文（2011）使用该方法曾对全国英语专业四级阅读理解任务进行了构念效度验证。

本研究中，研究者可以使用反思口头报告和受激回忆调查考生答题的过程，并验证该过程是否与测试开发者预期的一致，从而为测试分数解释和构念效度论证提供重要依据,也为正式大规模测试的开展提供可行参考和依据。

测试结束后立刻安排对 5 名考生进行反思口头汇报和受激回忆,请考生对刚刚结束的考试进行回忆,主要回顾翻译过程。为获得更加全面的报告信息,研究者还播放了考生的口译录音段落,以刺激和调动考生回忆,进一步对翻译过程进行回忆和描述。反思口头汇报和受激回忆使用的语言以汉语为主,穿插使用英语。研究者对该过程全程记录。

预实验也为正式测试提供了经验,检测了考试流程和考场设备。根据预实验情况,作者对正式测试流程做出了如下修改。

① 考生答题时音量大小不同,为减少相互影响和答题录音质量,正式测试场地应改为有隔板的多媒体语音实验室。

② 试题录音中发现了 3 处预留时间过长的情况,导致间隔太长,延长了考试时间。经过对试题录音重新核查,对一些寒暄性质的日常对话,缩短预留时间长度,但不少于发言人长度的三分之二。

③ 正式测试时,由于测试时间较长,受试人数较多,为提高实验效率,采集更多关于测试和考生的相关信息,研究者设计一份测后考生调查问卷,对考生进行反思问卷调查,重点关注对测试流程、测试设备、测试指导语、测试难点等方面考生的关注和感受。

此次预实验为测试的效度验证提供了重要依据和证明,详细分析见第 5 章对数据结果的分析讨论。

3.3.5 正式施测

本研究正式测试针对的研究对象为高等院校高级翻译学院大四及研一学生。其中 26 人为教育部直属院校高级翻译学院研究生一年级学生,含口译精英班 6 人;另外 28 人来自北京市属高校翻译学院大四口译精英班。

所有受试者在参与本研究时均已修过 1~2 年不等的翻译理论及口译实务课程,已具有一定的交传口译实践经验。其中研究生和本科阶段均为英语专业,具有大学英语专业八级证书,多人具有人事部翻译资格证书,本科生具有大学英语专业四级证书(尚未参加英语专八考试),多人具有不同种类的翻译资格证书。关于受试背景具体情况详见表 3-24。

表 3-24 受试详细信息表

某高校高级翻译学院研究生一年级		26人			
本科专业	英语水平	翻译资格水平证书	口译交传训练时长	有商务学习背景	口译实践形式
英语 20人	专八 24人	CATTI2级 1人	1年及以上 10人	12人	会议交传翻译 2人
翻译 6人	剑桥5级 2人	CATTI3级 12人	0.5年 14人		陪同翻译 10人
		上海高级口译证书 1人			会展翻译 1人
		上海中级口译证书 1人			

高级翻译学院本科大四		28人			
本科专业	英语水平	翻译资格水平证书	口译交传训练时长	有商务学习背景	口译实践形式
翻译	专四 28人	CATTI2级 12人	1年 14人	9人	会议交传 5人
		CATTI3级 15人	2年 12人		陪同翻译 5人
			3年 2人		会展翻译 2人
					商务会谈 2人

正式测试分两个阶段进行。第一次正式测试安排在 2015 年 10 月中旬,地点为北京语言大学教一楼口译语音实验室。考生按指定时间抵达考场后,先由研究者为每人随机编号,随后研究者向考生简单介绍此次研究的目的和意义。为使考生严肃对待测试,认真答题,此次测试的成绩将作为期中考试成绩的一部分。

培训结束后,请考生检查自己的多媒体设备,测试音量和录音效果。调试完毕后测试正式开始。试题和译前准备材料 1 由研究者发放,由于该语音实验室的设备要求,计算机不能使用外接存储器拷贝资料,因此译前准备材料 2 由电教人员统一播放,在 40 分钟内循环播放。

答题阶段由考生在各自隔间内听录音完成口译。最终获得 26 名学生共计 1 300 多分钟语音答题资料。

口译结束后,研究者立刻发放一份反思汇报调查问卷,请受试考生立刻回答相关问题,并收回26份问卷。

当周内,研究者在第二所高校安排了另一场正式测试。受测考生共28人,收集了1 400分钟语音资料,回收问卷28份。

第一次正式测试6周后,研究者安排了第二次测试。测试地点和测试流程与第一次完全相同。

3.3.6 评分

对本研究来说,评分是一个相对艰巨的工作。但评分员、评分方法和评分过程对研究数据有至关重要的影响,直接影响测试的信效度验证,因此必须相当重视。

首先,两位评分员选取的都是和翻译教学与研究直接相关的人员。其中一位是从事口译教学的教师,同时也是口译员,有5年以上口译工作经验;另外一位是从事翻译研究的教师。在研究实验阶段中,所有学生口译录音都被随机编成序号,评分员根据实验要求使用评分量表对受试者的录音打分。

为保证评分的准确和有效,增强评分员间的一致性,在正式打分前,研究者对评分员开展培训。研究者将研究目的、研究设计和测试安排向评分员一一陈述,目的是使评分员充分了解研究的背景和试题开发的过程。

随后研究者给评分员首先播放了商务谈判口译运用测试试题录音,并附上录音对话脚本(详见附录四),以便评分员熟悉对话内容。

为便于评分员掌握谈判细节,研究者特提炼了一份试题录音大纲和各环节关键考察重点,详见表3-25。

表3-25 商务贸易谈判录音内容大纲及口译关键信息点列表(所列时间包含被试口译时长)

时间		内容	关键点
1~8 min		寒暄	俗语、文化
9~14 min		产品介绍、质量认证	营养学术语及专有名词(机构、组织等)
15~16 min		产品价格、采购	数字、日期、地点、贸易术语
16~36 min	16~20 min	讨价还价	数字、商务文化
	20~24 min	谈判僵局、化解	口译员策略-灵活得体
	29 min	价格分析	数字
36 min		保险事宜	术语、贸易知识
38~39 min		包装、运输	术语、贸易知识

续表

时间	内容	关键点
40~44 min	支付方式	数字、术语、贸易知识
44 min	检验检疫、农药残留	数字、专业术语
50 min	赔偿、仲裁	法律术语、贸易知识
51~54 min	达成一致，谈判结束	商务文化

评分员需要分别使用整体评分量表（表 3-16）和分项评分量表（表 3-18）对所有受试进行打分。

整体和分项评分前分别进行一次评分培训，研究者将整体量表和分项量表的设计思路和考察重点向评分员阐述，评分员和研究者应就评分标准进行讨论，针对有疑问的句子进行评分前的沟通，对该标准形成较为一致的理解。然后，两位评分员先对 5 名受试的口译测试录音进行评分，随后对比和讨论评分结果，找到造成个别分数差异较大的原因，达成评分一致性。

正式评分由评分员各自安排时间集中独立完成。两位评分员被要求首先使用 9 级整体量表对 54 名受试进行打分。3 天后，用该量表对第二次测试的受试再次打分。6 周后，评分员需使用分项量表对第二次测试的全部受试进行分项打分。

3.4 研究工具

本研究所使用的工具分两个阶段。

第一阶段为测试开发和预实验过程中使用了如下工具：①商务谈判口译运用测试试题（含 2 份译前准备资料）；②商务谈判口译运用测试整体评分量表；③商务谈判口译运用测试分项评分量表；④职业口译员工作分析调查问卷；⑤受试测后反思报告调查问卷；⑥真实商务谈判对话录音（897 分钟）；⑦预先设定问题的采访问题大纲；⑧语类分析工具。

第二阶段数据收集、分析过程中使用的工具和方法有：①为测试的信度检验使用的经典真分数理论；②对测试及量表效度检验提供数据的多面 Rasch 模型。

第一阶段的工具使用在上文测试开发阶段已经有过介绍，下面重点介绍第二阶段使用的工具和方法。

3.4.1 信度估算

我们已经知道衡量测试质量信度和效度是两个非常关键的指标。信度就是测试的可靠性和稳定性。经典真分数理论对信度的解释为：同一组受试者在两个平行试卷 A 和 B 上的真分数是相同的，但误差分数是随机的、不系统的。在最理想的状态下，受试在试卷 A 和 B 上得到的分数不受误差影响，那么受试在两个试卷上得到的分数应该是相等的。这时的两组分数相关性为 1，达到最大值。但实际上，在真实环境中，误差总是存在的。误差越小，测试分数越能反映真实分数，测试分数之间的相关就越大。因此，平行试卷的测试分数之间的相关性可以用来表示试卷的信度。

测试的信度包括两个方面：第一个方面是测试本身的信度，作为一种测量工具，测试与其他测量工具一样，应该具有一定的可靠性和稳定性，但是不可避免地会产生一些误差，测试本身的信度是指考试测量的一致性的程度，它包括再测信度(test-retest reliability)、复本信度(equivalent-form reliability)、内在一致性信度(internal consistency reliability)；第二个方面是评分的信度，主要是评分员信度(rater reliability)，同一评分员在不同时间对评分标准的把握应该具有一致性和稳定性(intra-rater reliability)，不同评分员对评分标准的把握也应该具有一致性(inter-rater reliability)。

对本研究针对的商务谈判口译测试这样的交际运用测试来说，评分员间一致性信度是衡量测试质量，确保其公平、公正使用的主要指标。综上，本研究在研究设计中重点收集关于本测试内部一致性信度，这主要由两方面证据组成：第一，再测信度(test-retest reliability)，关注测试本身的信度；第二，关注评分员的评分员间一致信度。

由于评分员的差异会带来随机误差，所以提高测试信度的方法也就是要消除评分员的差异，让他们的评分尽量保持一致。近年来，在主观测试研究中，一般会采取下面的方法提高评分员信度，如电脑辅助培训评分员、细化评分规则、使规则更易于操作等方法。最近一段时间，从项目反应理论中发展出来的多面 Rasch 模型在主观测试中发挥了更加全面的作用，为语言运用主观测试提供了强有力的支持。

3.4.2 多面 Rasch 模型

效度指一套测试对应测内容的所测程度，即多大程度上测到了所要测量的内容。效度验证是指对一项测试进行效度研究,证明该测试有效性的过程,即收集证据支持基于测试分数所做的推断的过程。如本研究研发的口译测试,是典型的语言运用测试,其中评分量表是影响这类测试效度的重要方面。

多面 Rasch 模型(Multi-facet Rasch Measurement Models)是项目反映理论中单参数逻辑斯蒂模型(又称 Rasch 模型,Rasch Model)的拓展,在分析语言运用及能力测试方面具有独特的优势(Linacre,2010),是主观评分标准构念偏差更为直接的评估方式(Wright & Masters, 1982),其多层面的分析特点尤其适用于采用分项评分标准(analytic rating scale)的效度分析。

1. Rasch 模型

Rasch 模型是一个概率模型,这个概率是指估算考生作答的概率,它由题目难度和考生的能力差异所决定。考生答对某题的概率、题目难度以及考生能力三者之间的关系可以通过图 3-9 中的项目反应曲线表现出来。

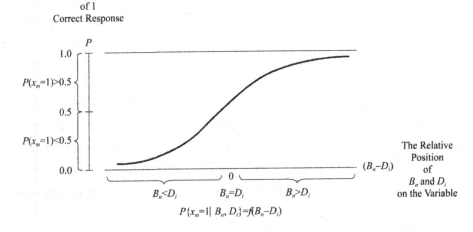

图 3-9 考生答对题目的概率与考生能力和题目难度差异之间的关系图

图 3-9 中 P 代表答对概率,B 表示受试能力,D 表示题目难度。当受试能力等于题目难度时,受试在该题目的答对率为 50%。当受试能力大于题目难度时,受试在该题答对率高于 50%。

$$\ln(P_{ni1} - P_{ni}) = B_n - D_i \tag{3-1}$$

P_{ni} = 考生 n 答对题目 i 的概率

$1 - P_{ni}$ = 考生 n 答错题目 i 的概率

B_n = 考生 n 的能力度量

D_i = 题目 i 的难度度量

公式(3-1)就是所说的 Rasch 模型。Rasch 模型的优势就是考生能力和项目难度可以在同一个量尺上来度量,这个量尺就是洛基(logits)量尺。由公式(3-1)可见,通过将概率取自然对数,比率量尺被转换成了等距量尺,考生能力和项目难度都转换成了共同概率对数单位(log odds units),即洛基(logits)单位。

Rasch 模型根据数据可以估算出题目的难度,也可以估算出受试的能力。据此可以估算出受试在某个具体题目上的答对率,这可能与实际测试中观测到的情况一致,也可能不一致。这种关系用拟合(fit)表示。因此 misfit 表示非拟合,overfit 代表过度拟合。McNamara(1996)提出,在使用 Rasch 分析数据的结果中,观测 Mean Square 和 t 值可以判断拟合情况。Mean Square 在 0.75 到 1.3 之间是可以接受的,高于 1.3 被认为是非拟合,低于 0.75 的是过度拟合。同时 t 值的可接受范围是 -2 到 2 之间。

Rasch 模型的优势除了表现在项目难度和特质参数可以进行直接比较外,最重要的一点在于"项目与特质参数具有不变性"(孙晓敏,张厚粲 2007:251)。利用 Rasch 模型获得的各个参数的度量值都独立于其他参数的估计值,不会因为某一参数的变化而发生变化,具有样本独立性的优势。

2. 多面 Rasch 模型构建

上面的 Rasch 模型是针对在客观题测试中,只有题目和受试能力两个面。而在翻译、写作这样的主观测试中,除了题目和受试能力,还增加了其他面。Linacre(1994a)将 Rasch 模型里的两面——考生和题目扩大到多个面(facets),引入了如评分员、任务、评分项等因素。

多面 Rasch 模型可以通过统计分析软件 FACETS 实现。FACETS 具有强大的分析语言运用测试的功能,包括:①分离其他面的影响,用同一个 logit 尺度来估算各面,如考试能力,评分员严厉度,试题难度的真实测量值;②判断评分量表的准确性;③判断各面的内部成分之间是否有显著差异;④检验各面是否有交互作用;⑤进行两两比较。

近年来,国内外有学者和研究者将多面 Rasch 模型使用到了语言行为测试领域。例如,有对影响口语测试的多个层面进行分析(Bachman,Lynch & Mason,1995;Lynch & Mcnamara,1998;Myford & Wolfe,2000;Bonk & Ockey,2003 等);对影响写作测试的各个变量进行调查(Engelhard,1992;O'Sullivan,2001;Park,2004;Sudweeks,Reece & Bradshaw,2005 等)。应用最多的是对评分员效应的研究(McNamara & Adams,1991;Wigglesworth,1993;Lumley & McNamara,1995;Weigle,1998;Kondo-Brown,2002;Myford & Wolfe,2003,2004;Schaefer,2008;Farrokhi,Esfandiari & Schaefer,2012 等)。但是应用在翻译测试领域的研

究几乎没有。

相比国外，国内的研究应用情况落后很多，在CNKI期刊全文数据库中通过多种方式搜索后发现，截至2014年，运用Rasch模型、多面Rasch模型对语言行为测试进行研究分析的论文仅有77篇（硕、博士论文占29篇）。多面Rasch模型在翻译测试中的应用就更少，只有江进林等（2010，2011）发表的关于翻译测试效度研究和评分员效应研究的两篇文章，对口译测试的研究文章只有赵南和董燕萍（2013）发表的一篇"基于多面Rasch模型的交替传译测试效度验证"。因此作者将尝试使用多面Rasch模型对商务谈判口译测试进行多层面效度验证。

为检验分项评分标准的效度，作者针对研究问题建立了分析模型：

$$\text{Log}(P_{nijk}/P_{nijk-1})=B_n-C_j-D_i-F_k \tag{3-2}$$

其中P_{nijk}表示被试n由评分员j在标准i上给被试评为k分数段等级的概率，P_{nijk-1}表示评分员j在标准i上给被试评为$k-1$分数段等级的概率，B_n为被试n的能力，C_j为评分员j评分的严厉程度，D_i为评分标准（评分项）i的难度，F_k则为对于标准i取得k分数段等级的难度。

用图3-10表示得更为直观清楚。

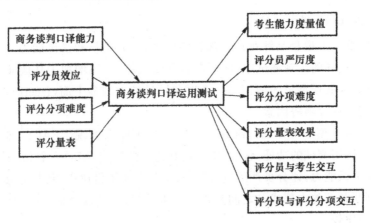

图3-10　本研究多面Rasch模型分析框架

从图3-10可见，影响学生商务谈判口译测试分数的因素包括学生的口译能力、评分员效应、评分分项难度和评分量表的设计，经商务谈判口译能力测试的多面Rasch模型分析后输出的数据包括考生的能力度量值、评分员的严厉度、评分分项的难度、反映评分量表效果的数据以及评分员与考生，评分员与评分分项的交互作用结果。

由多面Rasch模型可以获得针对考生层面、评分量表层面、评分员层面的诸多数据。这是本研究效度验证的证据收集的主要途径。

第4章 研究结果与讨论

本章主要内容为测试整体开发研究的第三阶段:测试验证阶段,即从不同层面对测试实施效度验证。效度整体观强调,效度作为一个完整的概念,它的验证过程应该是全面的、综合的,不仅要对测试结果进行分析和解释,还要对测试的过程,尤其是评分人、评分量表这一对行为测试产生重要影响的评分环节进行分析和解释。从第3章的多面Rasch模型分析框架(图3-10)可以看出,多面Rasch模型可以从若干层面对影响本测试效度的考生能力、评分员、评分量表层面进行解读。因此,本章重点将使用多面Rasch模型,深入挖掘对影响测试效度的几个维度,即考生能力、评分员、评分量表以及他们彼此之间的交互作用,并对他们进行验证。在此基础上,针对测试结果,将使用相关分析、独立样本t检验、方差分析等量化手段对影响测试效度的其他方面,如内容效度、效标关联效度等进行证据收集。

4.1 多维度效度检验

针对测试的评分环节,研究者设计了两张评分量表:第一张为王振亚设计的功能主义语言运用测试的9级整体评分量表,第二张为根据工作分析的结果制定的分项评分量表。研究者邀请两位评分员在评分过程中首先使用整体量表为54名受试的口译录音打分,隔一周再使用分项评分量表打分,由此得到了两套数据。研究者将分别分析不同量表下受试能力、评分员一致性、严厉度、评分量表效果等层面的数据。

4.1.1 分项评分总体结果

图4-1为Facets软件输出的总体层面图,这个层面图能够直观地呈现各个层面数据的统计情况。使用的数据是第二次测试评分员A和B的使用分项量表打

分的结果。

```
|Measr|+examinees                              |-raters |-items| S.1 | S.2 | S.3 |
+   9 + 50                                     +        +      + (5) + (5) + (5) +
|     | 12  24                                 |        |      |     | --- | --- |
|   8 +                                        +        +      +     +     +     +
|     | 46                                     |        |      |     |     |     |
+   7 +                                        +        +      +     +     +     +
|     | 15  30  44                             |        |      |  4  |     |     |
|   6 +                                        +        +      +     +  4  +  4  +
+   5 + 28  36                                 +        +      +     +     +     +
|     |                                        |        |      | --- |     |     |
|   4 + 43                                     +        +      +     +     +     +
|     |                                        |        |      |     | --- |     |
+   3 + 22  23  25  39  42  9                  +        +      +     +     +     +
|   2 +                                        +        +      +  3  +     +  3  +
|     |                                        |        |      |     |     |     |
+   1 + 18  19  21  26  29  3  33  37  45  5  51 +      +  1   +     +  3  +     +
|   0 *                                        *        *  3   *     *     *     *
|     | 10  11  20  31  35                     |        |      | --- |     | --- |
+  -1 + 27  32  41  47                         +        +  2   +     +     +     +
|     | 40   6   8                             |        |      |     |     |     |
|  -2 +                                        + Rater B+      +     +     +     +
|     | 14                                     |        |      |     |     |     |
+  -3 + 16   4  49                             + Rater A+      +     +     +     +
|  -4 + 13  54   7                             +        +      +     +     +     +
|     |                                        |        |      |     |     |     |
+  -5 + 34  48  53                             +        +      +     +     +     +
|  -6 +                                        +        +      +     +  2  +  2  +
|     |                                        |        |      |  2  |     |     |
+  -7 +                                        +        +      +     +     +     +
|  -8 +                                        +        +      +     +     +     +
|     | 17   2  52                             |        |      |     |     |     |
+  -9 +                                        +        +      +     +     +     +
|  -10+                                        +        +      +     +     +     +
|     |                                        |        |      |     | --- |     |
+  -11+                                        +        +      +     +     + --- +
|  -12+                                        +        +      +     +     +     +
+  -13+                                        +        +      +     + --- +     +
|  -14+  1                                     +        +      +     +     +     +
|  -15+                                        +        +      + (1) + (1) + (1) +
|Measr|+examinees                              |-raters |-items| S.1 | S.2 | S.3 |
```

图 4-1 多面 Rasch 模型分析层面图

图中第一列是洛基量尺,后面的各个层面都放在这个量尺上进行直接比较。

第二列为54位考生的能力分布情况,越靠近上方说明能力越强,反之,则能力越差。从图中可以看到能力最强(50号)和最差的考生(1号)相差了25个洛基单位(9+14)。第三列是评分量表中的两个分项,1代表内容分项,2代表表达分项,3代表策略分项。与考生能力不同,这一列与后面的评分员层面的度量值为负向(negatively-oriented),值越大,说明分项难度越大,评分员越严厉。从图中可看出,第一分项的难度高于第三分项难度,第二分项难度最小,评分员B比A更严厉。第五至七列为三个分项量表的使用情况。每列中分值之间的横线代表相邻分数的临界值,考生的能力值大于这一临界值,则会更有可能得到高一级的分数,这一横线对应的值即是量表中各分数段的阶难度值。从图中可以看出,三个分项量表中各分值的阶难度略有不同,例如对于第一个分项内容的准确度而言,能力值介于−0.95 logits 和 4.5 logits 之间的考生更有可能获得3分,但要想在第二分项上获得同样的分数,能力值在−1.26 logits 到 3.37 logits 区间的考生可能性更大。

4.1.2 学生层面

表4-1显示了学生层面的统计情况,在表中最下方输出了4行分隔比率和信度值:population 和 sample,with examinees 和 without examinees。这里我们要看的是第二行 sample 的分隔比率,它指的是当参与者是总体中随机抽出的样本时的数据。我们这里的54个受试被认为是总体中随机挑选出的样本,因此,我们选用 sample 数据。

在数据解读和操作中,一份能体现学生能力差异的数据应该有以下特征:①分隔比率大于2,②信度大于0.9,③卡方值要大,且 p 值为0.00。

表4-1中,分隔比率显示为3.51,说明考生之间的能力差异比测量误差大4倍。信度值为0.93。卡方检验也报告出两行数据,fixed(all same)是对学生能力值(measure)没有差异性这一零假设的检验结果,第二行 random(normal)是对该样本是从正态分布的整体中随机抽取这一假设的显著性检验。我们的假设是学生能力没有差异,因此选取的是第一行 fixed 的结果:chi-square=949.3,$p=.00$,这一数据表明考生之间的能力具有显著差异,推翻了之前的假设。

对于拟合值(infit)的观察,我们采用 McNamara 的建议:拟合值的取值范围应在 Mean±2Std 之间,即平均值±两个标准差之内,来界定可接受的取值范围。因此,这里的受试拟合值应在 0.95±2×0.67 之间,也就是在−0.19 到 2.29 之间。可以看出,所有受试都没有过度拟合。有4名受试的拟合值超过了2.29,但进一步检查他们的 ZStd 标准拟合值都没有大于 2，不具有显著性。这说明 54 名受试得分既没有出现与模型预期过度一致（overfit），也没有出现与模型预期差异过大（misfit）的情况。测试可以很好地区分受试的能力。

表 4-1　学生层面统计分析

Obsvd Score	Obsvd Count	Obsvd Average	Fair-M Avrage	Measure	Model S.E.	Infit MnSq	ZStd	Outfit MnSq	ZStd	Estim. Discrm	Nu examinees
30	6	5.0	4.97	(9.92	1.92)	Maximum					50 50
29	6	4.8	4.88	8.44	1.18	1.13	.4	.69	.2	.98	12 12
29	6	4.8	4.88	8.44	1.18	.54	-.5	.30	-.2	1.45	24 24
28	6	4.7	4.71	7.32	.97	.47	-1.1	.38	-.8	1.73	46 46
27	6	4.5	4.50	6.46	.90	.82	-.2	.75	-.3	1.30	15 15
27	6	4.5	4.50	6.46	.90	1.04	.2	.94	.0	1.01	30 30
27	6	4.5	4.50	6.46	.90	2.66	2.6	2.96	2.5	-1.49	44 44
25	6	4.2	4.14	4.86	.91	.74	-.3	.65	-.4	1.30	28 28
25	6	4.2	4.14	4.86	.91	2.40	1.9	2.46	1.8	-.36	36 36
24	6	4.0	4.01	3.99	.95	.28	-1.4	.23	-1.3	1.60	43 43
23	6	3.8	3.87	3.05	.97	.30	-1.2	.22	-1.1	1.53	9 9
23	6	3.8	3.87	3.05	.97	.30	-1.2	.22	-1.1	1.53	22 22
23	6	3.8	3.87	3.05	.97	1.45	.8	1.70	.9	.61	23 23
23	6	3.8	3.87	3.05	.97	1.21	.5	1.16	.4	.89	25 25
23	6	3.8	3.87	3.05	.97	.30	-1.2	.22	-1.1	1.53	39 39
23	6	3.8	3.87	3.05	.97	.30	-1.2	.22	-1.1	1.53	42 42
21	6	3.5	3.48	1.24	.91	2.37	1.8	2.65	1.8	-.28	3 3
21	6	3.5	3.48	1.24	.91	1.25	.5	1.21	.5	.80	5 5
21	6	3.5	3.48	1.24	.91	.36	-1.2	.30	-1.2	1.59	18 18
21	6	3.5	3.48	1.24	.91	.74	-.2	.63	-.3	1.29	19 19
21	6	3.5	3.48	1.24	.91	.74	-.2	.63	-.3	1.29	21 21
21	6	3.5	3.48	1.24	.91	.36	-1.2	.30	-1.2	1.59	26 26
21	6	3.5	3.48	1.24	.91	1.49	.9	1.75	1.1	.48	29 29
21	6	3.5	3.48	1.24	.91	1.03	.2	1.15	.4	.98	33 33
21	6	3.5	3.48	1.24	.91	1.25	.5	1.21	.5	.80	37 37
21	6	3.5	3.48	1.24	.91	1.53	.9	1.72	1.0	.50	45 45
21	6	3.5	3.48	1.24	.91	.74	-.2	.63	-.3	1.29	51 51
19	6	3.2	3.13	-.27	.85	2.27	1.8	2.63	2.0	-.39	10 10
19	6	3.2	3.13	-.27	.85	1.04	.2	.94	.1	1.03	11 11
19	6	3.2	3.13	-.27	.85	.31	-1.5	.29	-1.4	1.71	20 20
19	6	3.2	3.13	-.27	.85	1.04	.2	.94	.1	1.03	31 31
19	6	3.2	3.13	-.27	.85	1.74	1.2	1.66	1.1	.34	35 35
18	6	3.0	2.99	-.98	.84	.62	-.5	.59	-.6	1.41	27 27
18	6	3.0	2.99	-.98	.84	2.30	1.8	2.21	1.7	-.23	32 32
18	6	3.0	2.99	-.98	.84	1.57	1.0	1.75	1.2	.34	41 41
18	6	3.0	2.99	-.98	.84	.95	.1	.88	.0	1.12	47 47
17	6	2.8	2.84	-1.69	.84	.32	-1.5	.30	-1.5	1.77	6 6
17	6	2.8	2.84	-1.69	.84	.32	-1.5	.30	-1.5	1.77	8 8
17	6	2.8	2.84	-1.69	.84	.64	-.5	.58	-.6	1.46	40 40
16	6	2.7	2.68	-2.39	.85	.50	-1.0	.45	-1.0	1.63	14 14
15	6	2.5	2.49	-3.14	.89	1.05	.2	.96	.1	.97	4 4
15	6	2.5	2.49	-3.14	.89	.77	-.3	.72	-.3	1.32	16 16
15	6	2.5	2.49	-3.14	.89	.41	-1.3	.41	-1.3	1.77	49 49
14	6	2.3	2.29	-4.00	.97	1.53	.9	1.48	.8	.42	7 7
14	6	2.3	2.29	-4.00	.97	1.13	.4	1.28	.5	.79	13 13
14	6	2.3	2.29	-4.00	.97	.42	-1.1	.34	-.9	1.69	54 54
13	6	2.2	2.12	-5.13	1.20	1.70	1.0	2.76	1.3	.18	34 34
13	6	2.2	2.12	-5.13	1.20	.54	-.5	.29	-.2	1.43	48 48
13	6	2.2	2.12	-5.13	1.20	1.70	1.0	2.76	1.3	.18	53 53
12	6	2.0	2.00	-8.56	3.69	.01	.5	.00	.8	1.21	2 2
12	6	2.0	2.00	-8.56	3.69	.01	.5	.00	.8	1.21	17 17
12	6	2.0	2.00	-8.56	3.69	.01	.5	.00	.8	1.21	52 52
9	6	1.5	1.50	-14.02	.84	.63	-2.1	.63	-2.1	4.41	1 1

Obsvd Score	Obsvd Count	Obsvd Average	Fair-M Avrage	Measure	Model S.E.	Infit MnSq	ZStd	Outfit MnSq	ZStd	Estim. Discrm	Nu examinees
19.4	5.9	3.2	3.22	.19	1.11	.95	.0	.97	.0		Mean (Count: 54)
5.6	.8	.9	.94	4.65	.65	.66	1.1	.81	1.1		S.D. (Populn)
5.6	.8	.9	.95	4.69	.66	.67	1.1	.82	1.1		S.D. (Sample)

With extremes, Model, Populn: RMSE 1.29　Adj (True) S.D. 4.47　Separation 3.48　Reliability .92
With extremes, Model, Sample: RMSE 1.29　Adj (True) S.D. 4.51　Separation 3.51　Reliability .93
Without extremes, Model, Populn: RMSE 1.27　Adj (True) S.D. 4.31　Separation 3.39　Reliability .92
Without extremes, Model, Sample: RMSE 1.27　Adj (True) S.D. 4.35　Separation 3.43　Reliability .92
With extremes, Model, Fixed (all same) chi-square: 949.3　d.f.: 52　significance (probability): .00
With extremes, Model, Random (normal) chi-square: 51.5　d.f.: 51　significance (probability): .45

4.1.3 评分员层面

表 4-2 显示了评分员层面分析的结果。这里主要关注的是评分员的内部一致性、评分员间一致性以及评分员的严厉度。

表 4-2 评分员评分情况分析

```
|Obsvd Obsvd Obsvd  Fair-M|Model    |Infit    |Outfit   |Estim.|
|Score Count Average Avrage|Measure S.E.|MnSq ZStd|MnSq ZStd|Discrm| N raters
| 508   159   3.2    3.12 | -2.05  .18 |1.03  .2 | .90 -.3 | 1.01 | 2 Rater B
| 536   159   3.4    3.33 | -3.00  .18 | .99  .0 |1.03  .1 | 1.01 | 1 Rater A
| 522.0 159.0 3.3    3.22 | -2.52  .18 |1.01  .1 | .97 -.1 |      | Mean (Count: 2)
|  14.0    .0  .1     .11 |   .47  .00 | .02  .2 | .06  .3 |      | S.D. (Populn)
|  19.8    .0  .1     .15 |   .67  .00 | .03  .2 | .09  .4 |      | S.D. (Sample)
Model, Populn: RMSE .18  Adj (True) S.D. .43  Separation 2.36  Reliability .85
Model, Sample: RMSE .18  Adj (True) S.D. .64  Separation 3.49  Reliability .92
Model, Fixed (all same) chi-square: 13.2  d.f.: 1  significance (probability): .01
```

表 4-2 显示的数据中,第一列至第四列分别是每位评分员打分的总和、打分的频次、平均分以及模型校正后的平均分。第五、六列为评分员的严厉度值和标准误,每个表均是按照严厉度的高低排列,值越大,说明该评分员越严厉。第七至十列为拟合统计量,包括加权均方、标准拟合以及未加权均方和标准拟合统计量。第十一列为区分度。最后一列为评分员序号。表格底部是评分员层面的分隔比率、分隔指数信度、卡方检验统计量和显著性。

第七列数据拟合值(Infit Mnsq)在评分员层面显示的是评分员内部一致性。这里的数据显示 0.99 和 1.03,这两个数据均在 Mean±2SD 范围内,且 ZStd 绝对值小于 2,说明两位评分员在评分标准的把握和使用上体现了较好的前后一致性。第五列数据 measure 代表的是评分员严厉度,评分员 B 的值为 -2.05,评分员 A 的值为 -3,评分员 B 比 A 严厉,结合卡方统计检验量和显著性系数来看,p 值 0.01>0.00,说明两位评分员的严厉度没有显著差异。在实际操作中,评分员间的严厉度差异越小越好,这也是我们希望获得的结果。

4.1.4 评分量表

McNamara(1996:212)认为评分标准是构念效度的核心体现,评分标准的效度论证应得以更多的重视。本节将在多面 Rasch 模型的帮助下,从不同层面来分析评分量表的效度。

1. 分项评分量表总体分析

表 4-3 是对评分量表层面的分析;第一列至第四列分别是每个分项的总分、评阅次数、平均分和模型校正后的平均分;第五列和第六列为分项的难度值和标准误,每个表均是按照分项难度的大小从高到低排列,值越大,说明该分项越难;第七列至第十列是拟合统计量;最后三列为区分度和分项名称。

表 4-3 评分量表层面总体分析

Obsvd Score	Obsvd Count	Obsvd Average	Fair-M Avrage	Measure	Model S.E.	Infit MnSq	Infit ZStd	Outfit MnSq	Outfit ZStd	Estim. Discrm	N items	
320	106	3.0	2.94	1.02	.23	1.15	1.0	1.25	.7	.85	1 1	内容
350	106	3.3	3.29	-.02	.22	.95	-.3	.80	-.5	1.10	3 3	策略
374	106	3.5	3.55	-1.00	.23	.94	-.3	.85	-.5	1.09	2 2	表达
348.0	106.0	3.3	3.26	.00	.23	1.01	.1	.97	-.1		Mean (Count: 3)	
22.1	.0	.2	.25	.82	.01	.09	.6	.20	.6		S.D. (Populn)	
27.1	.0	.3	.31	1.01	.01	.12	.8	.25	.8		S.D. (Sample)	

Model, Populn: RMSE .23 Adj (True) S.D. .79 Separation 3.51 Reliability .92
Model, Sample: RMSE .23 Adj (True) S.D. .98 Separation 4.35 Reliability .95
Model, Fixed (all same) chi-square: 38.7 d.f.: 2 significance (probability): .00
Model, Random (normal) chi-square: 1.9 d.f.: 1 significance (probability): .17

从表 4-3 中可以看出,第五列 Measure 一栏显示的是各分项的难度值。第一个分项内容的难度为 1.02,第三个分项口译策略的难度为 -0.02,第二个分项表达的难度为 -1,这表示内容分项难度最大,其次是策略分项,最后为表达分项。这样的排序结果和商务谈判口译的特殊性非常吻合。对谈判内容准确完整的传达是这一行业口译最基本、也最重要的要求。谈判的内容不仅仅包括数字、日期、专有名称等信息,还包括对专业术语和商业运作规则、法律合同条款的准确翻译,如果翻译有失偏颇,则可能造成重大失误,乃至影响整场谈判的进展。因此这一项对口译员的要求非常高,难度也最大。

第七列 Infit MnSq 的值显示三个分项的数值范围为 0.94~1.15,处于 0.75~1.3 这个数值范围内,Z 值在 -2 和 2 之间,这说明三个分项都不存在非拟合现象,也没有过度拟合。根据 McNamara(1996),上述数据表示三个分项评分量表分别测量了商务谈判口译测试表现中的不同维度,这些维度各自可以体现谈判口译的能力。这些分数相加能够衡量受试的口译能力。这就表明,这个量表中的三个分项设置是合理的,因此也就为评分量表的效度验证提供了有力的证据。

2. 评分量表各分项分析

上面的数据证明了评分量表中的 3 个分项设置是合理的,从不同层面体现了受试的能力。然而对于一个好的评分量表,还有一个检验指标,那就是针对每个分项的检验,具体的层面有:分项的分级是否合理,每个级别的难度跨度是否能区分受试的能力,每个分数段是否都体现了受试相应的能力。下面我们就从量表的各个分项来看多面 Rasch 模型的分析结果。

研究所测试的评分量表中的分项为:内容准确完整,表达连贯流畅以及策略灵活得体。首先来看第一个分项。内容分项主要考察口译信息是否完整、准确,关键信息点是否全面,有无遗漏和误译情况。

评分量表中,考察内容完整准确的分项分为 1～5 分,共 5 个档次。1 分为最低分,5 分为最高分。通过多面 Rasch 模型分析,我们可以看出这样的分档是否合理。分项上的档次在 Rasch 模型中被称为范畴(category)。在表 4-4 中,第一列显示的就是内容分项上的 5 个档次。第二列表示每个档次被使用的次数。可以看出,在内容分项上每个分数段都使用了不同的次数,2 分和 3 分段使用的频率最多。第五列(Average Measure)和第六列(Expected Measure)显示的是各分数段的平均测量值和预期值。第七列(Outfit MnSq)是未加权的均方拟合统计量。第八列(Step Calibration)是阶难度值。第五列和第七列的数据是非常重要的指标,反应的是分数段的拟合特征。

表 4-4 评分量表中内容分项分析

DATA			QUALITY CONTROL			STEP CALIBRATIONS		EXPECTATION Measure at		MOST PROBABLE	.5 Cumul. Probabil.	Cat PEAK	Response Category
Category Score	Counts Used	Cum. % %	Avge Meas	Exp. Meas	OUTFIT MnSq	Measure	S.E.	Category	-0.5	from	at	Prob	Name
1	1	1% 1%	-13.22	-12.93	.1			(-13.82)		low	low	100%	low
2	31	29% 30%	-3.07	-3.18	1.0	-12.77	1.41	-5.16	-12.74	-12.77	-12.76	99%	low-inter
3	46	43% 74%	1.88	1.88	1.6	-.59	.36	1.90	-.59	-.59	-.60	86%	intermediate
4	21	20% 93%	5.66	5.82	1.3	4.49	.38	6.66	4.47	4.49	4.47	82%	inter-high
5	7	7% 100%	8.95	8.95	1.0	8.87	.56	(9.95)	8.89	8.87	8.87	100%	high
								(Mean)	(Modal)	(Median)			

首先来看第五列数据的意义。通常来看,高分数段的分数应该由高能力的受试获得,平均测量值应该从低阶到高阶单向递增(刘建达,2005)。这个数据可以从分项的分数段概率曲线图获得更加直观的表现。如图 4-2 所示,横向坐标表示受试能力,受试能力越强,越有可能获得更高的分数段。纵向坐标表示某能力的受试获得某个分数的概率。图中 5 条概率曲线从左到右分别代表了 1～5 的分数段。每条概率曲线看上去像一座小山峰,而且有自己独立的尖峰,这就表示能力处于这个分数段的受试最有可能得到这个分数段的分数(Park,2004)。

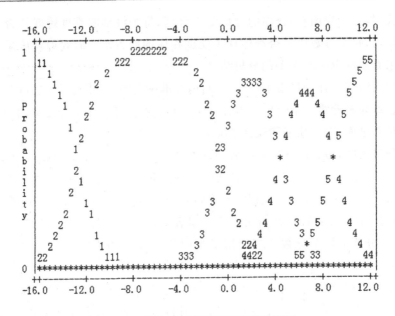

图 4-2　内容分项的分数段概率曲线图

表 4-4 中,5 个分数段的平均测量值依次为 $-13.22,-3.07,1.88,5.66,8.95$,呈现了单向递增的趋势。结合图 4-1 内容分项的得分概率曲线图可以看出,各分数段依次排列,呈现单向递增趋势,每条概率曲线都有自己独立的尖峰,分布较为均匀,4 分段区间相对较小,但也在合理区间内。这表示内容完整准确这一分项的设计是合理的。

第七列未加权均方指数(Outfit MnSq)表示的是受试平均能力的观察值和模型预测的能力之间的差异。当两者数值接近时,该数据接近 1;两者数值差别越大,该数据越大。若 Outfit MnSq 数值超过 2,则此分数段不能正确反映出受试的实际能力(Liancre,1999)。从表 4-4 中该列数据可见,在内容分项上的未加权均方指数都靠近 1,均未超过 2,结果比较理想。

根据 Linacre(1999,2005),第八列数据中每个分数段之间的阶难度应该至少有 1 个 logits 的间隔。从表 4-4 中可以看出,内容分项的 5 个分数段中从 2 到 5 的间隔都超过 1。该分项的间隔是合理的。

评分量表的第二个分项表达连贯流畅,简称为表达,主要考察受试口译语言的连贯性,逻辑是否清晰流畅。具体的分析层面、数据解读与第一个分项相同。从表 4-5 可以看出,该分项的 5 个分数段 3 分和 4 分段使用频率高,5 个分数段平均测量数值呈现单向递增的趋势。图 4-3 显示,5 个分数段从左往右一次排列,每条概率曲线分布均匀,且都有自己的独立尖峰。未加权均方指数从 2 到 5 都很接近 1。

第 4 章　研究结果与讨论

分数段 1 的值为 0.3，距离 1 较远，这和这个分数使用频率小有一定关系。阶难度值间隔超过 1，在合理的取值范围。

表 4-5　评分量表中表达分项分析

DATA Category Score	Counts Used	%	Cum. %	QUALITY CONTROL Avge Meas	Exp. Meas	OUTFIT MnSq	STEP CALIBRATIONS Measure	S.E.	EXPECTATION Measure at Category -0.5		MOST PROBABLE from	.5 Cumul. Probabil. at
1	1	1%	1%	-11.20	-10.89	.3			(-11.81)		low	low
2	15	14%	15%	-3.51	-3.26	.6	-10.75	1.41	-5.38	-10.72	-10.75	-10.75
3	33	31%	46%	1.87	1.78	.8	-1.14	.47	1.05	-1.15	-1.14	-1.15
4	41	39%	85%	5.29	5.24	.9	3.31	.33	5.90	3.32	3.31	3.31
5	16	15%	100%	9.91	9.95	1.2	8.58	.48	(9.66)	8.58	8.58	8.57
									(Mean)	(Modal)	(Median)	

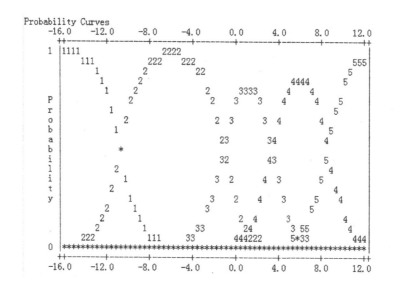

图 4-3　表达分项的分数段概率曲线图

评分量表的第三个分项简称为策略，主要观察受试的翻译策略、应变能力以及对任务的完成度。具体表现为是否具有丰富的商务专业及文化知识；能否充分理解谈判雇主需求；能否灵活处理谈判中的冲突及僵局，协助达成谈判目标。

从表 4-6 可以看出，该分项的 5 个分数段 4 分段使用频率最高，5 个分数段平均测量数值呈现单向递增的趋势。图 4-4 显示，5 个分数段从左往右依次排列，每条概率曲线分布均匀，且都有自己的独立尖峰。未加权均方指数从 2 到 5 都很接近 1。阶难度值间隔均超过 1，3 分数段的区间较小，但也在合理的取值范围内。

表 4-6 评分量表中策略分项分析

DATA			QUALITY CONTROL			STEP CALIBRATIONS		EXPECTATION Measure at		MOST PROBABLE	.5 Cumul. Probabil.
Category Score	Counts Used	Cum. %	Avge Meas	Exp. Meas	OUTFIT MnSq	Measure	S.E.	Category	−0.5	from	at
1	1	1% 1%	−12.18	−11.87	.1			(−12.79)		low	low
2	25	24% 25%	−2.85	−2.82	.9	−11.73	1.41	−4.83	−11.70	−11.73	−11.73
3	32	30% 55%	1.82	1.83	.7	−.31	.40	1.43	−.37	−.31	−.34
4	37	35% 90%	5.07	5.10	1.0	3.21	.33	5.96	3.27	3.21	3.22
5	11	10% 100%	9.75	9.56	.6	8.83	.52	(9.91)	8.83	8.83	8.82
								(Mean)	(Modal)	(Median)	

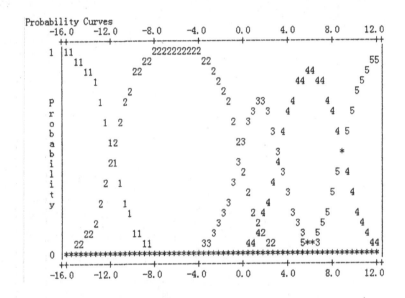

图 4-4 策略分项的分数段概率曲线图

从以上分析可以得出,分项评分量表的分项设置具备较好的效度。量表分项设置较合理,但难度各不相同。各分项是口译能力的反应,能较好地区分受试的能力。量表各分项的 5 个档次设置也是合理的。

4.1.5 偏差分析

偏差分析(bias analysis)是考察评分员与受试、评分员与评分分项的交互作用,其目的在于考察评分员在评分过程中是否对某些受试或者在某个分项上打分时过于严厉或过于宽松,严厉或宽松是否超出了模型的预期,呈显著意义。

1. 评分员与受试的偏差分析

表 4-7 显示的是分项评分量表评分员与受试的偏差分析结果。表中第一列到

第四列依次为学生的实际分数、模型预期分数、该受试被评阅的次数、实际分数与模型预期之间差异的均值,第五列至第八列表示的分别是偏差值、标准误和对偏差的 t 检验,第九列、第十列为拟合统计值,最后几列显示的是评分员序号、评分员严厉度、受试序号和受试能力值。从表 4-7 中可以看出,在 104 个交互组合中,t 检验结果显示,没有一个 t 的绝对值大于 2,即 $-2<t<2$,远远小于 McNamara 提出的 5% 的范围。这表示评分员没有出现对某个受试过于严厉或宽松的现象。评分员在使用分项量表打分时,由于考察的维度多,因而对受试口译能力的评估就更为准确,产生显著偏差的概率非常小,这也进一步为量表的效度提供了证据。

表 4-7　分项量表评分员与受试的偏差分析

Bias/Interaction analysis specified by: 1. raters, 2. examinees

Obsvd Score	Exp. Score	Obsvd Count	Obs-Exp Average	Bias Size	Model S.E.	t	Infit MnSq	Outfit MnSq	Sq	N	raters	measr	Nu	ex	measr
6	4.9	3	.38	4.46	5.46	.82	.0	.0	1	1	Rater A	-2.81	1	1	-14.0
9	7.8	3	.41	1.71	1.19	1.44	.2	.2	7	1	Rater A	-2.81	4	4	-3.14
12	11.2	3	.25	1.42	1.35	1.05	2.1	1.8	46	2	Rater B	-1.88	23	23	3.05
11	10.2	3	.26	1.35	1.36	.99	2.2	2.0	58	2	Rater B	-1.88	29	29	1.24
11	10.2	3	.26	1.35	1.36	.99	.2	.2	66	2	Rater B	-1.88	33	33	1.24
14	13.2	3	.26	1.31	1.36	.96	2.3	3.3	86	2	Rater B	-1.88	44	44	6.46
13	12.2	3	.26	1.28	1.25	1.03	.4	.4	56	2	Rater B	-1.88	28	28	4.86
8	7.2	3	.27	1.23	1.19	1.04	.4	.4	32	2	Rater B	-1.88	16	16	-3.14
10	9.2	3	.28	1.20	1.22	.99	2.2	3.0	20	2	Rater B	-1.88	10	10	-.27
10	9.2	3	.28	1.20	1.22	.99	1.2	1.0	22	2	Rater B	-1.88	11	11	-.27
10	9.2	3	.28	1.20	1.22	.99	1.2	1.0	62	2	Rater B	-1.88	31	31	-.27
10	9.3	3	.23	.99	1.22	.81	.4	.4	53	1	Rater A	-2.81	27	27	-.98
10	9.3	3	.23	.99	1.22	.81	.4	.4	91	1	Rater A	-2.81	47	47	-.98
7	6.6	3	.12	.73	1.36	.53	2.3	3.1	67	1	Rater A	-2.81	34	34	-5.13
7	6.6	3	.12	.73	1.36	.53	.3	.3	93	1	Rater A	-2.81	48	48	-5.13
7	6.6	3	.12	.73	1.36	.53	2.3	3.1	101	1	Rater A	-2.81	53	53	-5.13
15	14.3	3	.22	.67	1.77	.38	.3	.2	24	2	Rater B	-1.88	12	12	8.44
7	6.7	3	.08	.51	1.36	.37	.3	.3	14	1	Rater A	-2.81	7	7	-4.00
7	6.7	3	.08	.51	1.36	.37	1.9	1.7	26	1	Rater A	-2.81	13	13	-4.00
7	6.7	3	.08	.51	1.36	.37	.3	.3	104	1	Rater A	-2.81	54	54	-4.00
12	11.7	3	.09	.50	1.35	.37	.2	.2	17	1	Rater A	-2.81	9	9	3.05
12	11.7	3	.09	.50	1.35	.37	.2	.2	43	1	Rater A	-2.81	22	22	3.05
12	11.7	3	.09	.50	1.35	.37	2.1	1.8	49	1	Rater A	-2.81	25	25	3.05
12	11.7	3	.09	.50	1.35	.37	.2	.2	75	1	Rater A	-2.81	39	39	3.05
12	11.7	3	.09	.50	1.35	.37	.2	.2	81	1	Rater A	-2.81	42	42	3.05
12	11.7	3	.09	.49	1.35	.36	.2	.2	84	2	Rater B	-1.88	43	43	3.99
8	7.7	3	.11	.49	1.19	.41	.4	.4	28	2	Rater B	-1.88	14	14	-2.39
9	8.7	3	.11	.48	1.19	.40	2.3	2.2	64	2	Rater B	-1.88	32	32	-.98
9	8.7	3	.11	.48	1.19	.40	1.5	1.6	80	2	Rater B	-1.88	41	41	-.98
14	13.7	3	.08	.44	1.36	.33	.4	.3	90	2	Rater B	-1.88	46	46	7.32
11	10.8	3	.08	.42	1.36	.31	2.2	2.0	5	1	Rater A	-2.81	3	3	1.24
11	10.8	3	.08	.42	1.36	.31	2.2	2.0	9	1	Rater A	-2.81	5	5	1.24
11	10.8	3	.08	.42	1.36	.31	.2	.2	35	1	Rater A	-2.81	18	18	1.24
11	10.8	3	.08	.42	1.36	.31	.2	.2	37	1	Rater A	-2.81	19	19	1.24
11	10.8	3	.08	.42	1.36	.31	.2	.2	41	1	Rater A	-2.81	21	21	1.24
11	10.8	3	.08	.42	1.36	.31	.2	.2	51	1	Rater A	-2.81	26	26	1.24
11	10.8	3	.08	.42	1.36	.31	2.2	2.0	73	1	Rater A	-2.81	37	37	1.24
11	10.8	3	.08	.42	1.36	.31	2.8	3.1	87	1	Rater A	-2.81	45	45	1.24
11	10.8	3	.08	.42	1.36	.31	.2	.2	97	1	Rater A	-2.81	51	51	1.24
14	13.8	3	.07	.39	1.36	.28	.4	.3	29	1	Rater A	-2.81	15	15	6.46
14	13.8	3	.07	.39	1.36	.28	1.8	1.5	59	1	Rater A	-2.81	30	30	6.46
13	12.8	3	.07	.36	1.25	.29	2.6	3.0	71	1	Rater A	-2.81	36	36	4.86
8	7.8	3	.07	.31	1.19	.26	.4	.4	95	1	Rater A	-2.81	49	49	-3.14
10	9.8	3	.06	.28	1.22	.23	.4	.4	39	1	Rater A	-2.81	20	20	-.27
10	9.8	3	.06	.28	1.22	.23	1.2	1.0	69	1	Rater A	-2.81	35	35	-.27
9	8.8	3	.06	.26	1.19	.22	.2	.2	11	1	Rater A	-2.81	6	6	-1.69
9	8.8	3	.06	.26	1.19	.22	.2	.2	15	1	Rater A	-2.81	8	8	-1.69

Obsvd Score	Exp. Score	Obsvd Count	Obs-Exp Average	Bias Size	Model S.E.	t	Infit MnSq	Outfit MnSq	Sq	N raters	measr	Nu	ex	measr
9	8.8	3	.06	.26	1.19	.22	.2	.2	77	1 Rater A	-2.81	40	40	-1.69
6	6.0	3	.00	.17	5.56	.03	.0	.0	4	2 Rater B	-1.88	2	2	-8.56
6	6.0	3	.00	.17	5.56	.03	.0	.0	34	2 Rater B	-1.88	17	17	-8.56
6	6.0	3	.00	.17	5.56	.03	.0	.0	100	2 Rater B	-1.88	52	52	-8.56
15	14.7	3	.11	.00	1.91	.00	.2	.1	47	1 Rater A	-2.81	24	24	8.44
10	10.2	3	-.07	-.31	1.22	-.26	2.3	3.2	6	2 Rater B	-1.88	3	3	1.24
10	10.2	3	-.07	-.31	1.22	-.26	.4	.4	10	2 Rater B	-1.88	5	5	1.24
10	10.2	3	-.07	-.31	1.22	-.26	.4	.4	36	2 Rater B	-1.88	18	18	1.24
10	10.2	3	-.07	-.31	1.22	-.26	1.2	1.0	38	2 Rater B	-1.88	19	19	1.24
10	10.2	3	-.07	-.31	1.22	-.26	1.2	1.0	42	2 Rater B	-1.88	21	21	1.24
10	10.2	3	-.07	-.31	1.22	-.26	.4	.4	52	2 Rater B	-1.88	26	26	1.24
10	10.2	3	-.07	-.31	1.22	-.26	.4	.4	74	2 Rater B	-1.88	37	37	1.24
10	10.2	3	-.07	-.31	1.22	-.26	.4	.4	88	2 Rater B	-1.88	45	45	1.24
10	10.2	3	-.07	-.31	1.22	-.26	1.2	1.0	98	2 Rater B	-1.88	51	51	1.24
13	13.2	3	-.07	-.32	1.25	-.26	1.2	1.1	30	2 Rater B	-1.88	15	15	6.46
13	13.2	3	-.07	-.32	1.25	-.26	.4	.4	60	2 Rater B	-1.88	30	30	6.46
7	7.2	3	-.06	-.34	1.36	-.25	.3	.3	96	2 Rater B	-1.88	49	49	-3.14
12	12.2	3	-.07	-.38	1.35	-.28	2.1	1.8	72	2 Rater B	-1.88	36	36	4.86
7	7.2	3	-.08	-.41	1.36	-.30	2.3	3.1	13	1 Rater A	-2.81	7	7	-4.00
7	7.2	3	-.08	-.41	1.36	-.30	.3	.3	25	1 Rater A	-2.81	13	13	-4.00
7	7.2	3	-.08	-.41	1.36	-.30	.3	.3	103	1 Rater A	-2.81	54	54	-4.00
12	12.2	3	-.08	-.43	1.35	-.32	.2	.2	83	1 Rater A	-2.81	43	43	3.99
8	8.3	3	-.10	-.44	1.19	-.37	.4	.4	27	1 Rater A	-2.81	14	14	-2.39
9	9.3	3	-.10	-.44	1.19	-.37	2.3	2.2	63	1 Rater A	-2.81	32	32	-.98
9	9.3	3	-.10	-.44	1.19	-.37	1.5	1.6	79	1 Rater A	-2.81	41	41	-.98
11	11.2	3	-.08	-.46	1.36	-.34	.2	.2	18	2 Rater B	-1.88	9	9	3.05
11	11.2	3	-.08	-.46	1.36	-.34	.2	.2	44	2 Rater B	-1.88	22	22	3.05
11	11.2	3	-.08	-.46	1.36	-.34	.2	.2	50	2 Rater B	-1.88	25	25	3.05
11	11.2	3	-.08	-.46	1.36	-.34	.2	.2	76	2 Rater B	-1.88	39	39	3.05
11	11.2	3	-.08	-.46	1.36	-.34	.2	.2	82	2 Rater B	-1.88	42	42	3.05
14	14.2	3	-.08	-.48	1.36	-.35	.4	.3	89	1 Rater A	-2.81	46	46	7.32
6	6.0	3	-.01	-.63	5.55	-.11	.0	.0	3	1 Rater A	-2.81	2	2	-8.56
6	6.0	3	-.01	-.63	5.55	-.11	.0	.0	33	1 Rater A	-2.81	17	17	-8.56
6	6.0	3	-.01	-.63	5.55	-.11	.0	.0	99	1 Rater A	-2.81	52	52	-8.56
14	14.3	3	-.11	-.68	1.36	-.50	.4	.3	48	2 Rater B	-1.88	24	24	8.44
8	8.7	3	-.22	-.92	1.19	-.78	.4	.4	54	2 Rater B	-1.88	27	27	-.98
8	8.7	3	-.22	-.92	1.19	-.78	1.1	.9	92	2 Rater B	-1.88	47	47	-.98
9	9.8	3	-.27	-1.16	1.19	-.97	1.5	1.6	19	1 Rater A	-2.81	10	10	-.27
9	9.8	3	-.27	-1.16	1.19	-.97	.2	.2	21	1 Rater A	-2.81	11	11	-.27
9	9.8	3	-.27	-1.16	1.19	-.97	.2	.2	61	1 Rater A	-2.81	31	31	-.27
10	10.8	3	-.26	-1.24	1.22	-1.01	.4	.4	57	1 Rater A	-2.81	29	29	1.24
10	10.8	3	-.26	-1.24	1.22	-1.01	1.2	1.0	65	1 Rater A	-2.81	33	33	1.24
13	13.8	3	-.26	-1.24	1.25	-1.00	2.2	2.6	85	1 Rater A	-2.81	44	44	6.46
7	7.8	3	-.26	-1.27	1.36	-.93	.3	.3	31	1 Rater A	-2.81	16	16	-3.14
12	12.8	3	-.26	-1.30	1.35	-.96	.2	.2	55	1 Rater A	-2.81	28	28	4.86
11	11.7	3	-.24	-1.39	1.36	-1.02	.2	.2	45	1 Rater A	-2.81	23	23	3.05
3	4.2	3	-.39	-1.57	1.79	-.88	.1	.1	2	2 Rater B	-1.88	1	1	-14.0
14	14.7	3	-.22	-1.60	1.36	-1.18	.4	.3	23	1 Rater A	-2.81	12	12	8.44
6	6.3	3	-.11	-2.97	5.48	-.54	.0	.0	68	2 Rater B	-1.88	34	34	-5.13
6	6.3	3	-.11	-2.97	5.48	-.54	.0	.0	94	2 Rater B	-1.88	48	48	-5.13
6	6.3	3	-.11	-2.97	5.48	-.54	.0	.0	102	2 Rater B	-1.88	53	53	-5.13
6	7.2	3	-.40	-4.94	5.46	-.90	.0	.0	8	2 Rater B	-1.88	4	4	-3.14
9.8	9.8	3.0	.00	-.07	1.75	.00	.8	.8	Mean (Count: 104)					
2.5	2.4		.16	1.09	1.30	.57	.8	.9	S.D. (Populn)					
2.5	2.4		.0	.16	1.10	1.31	.57	.8	.9	S.D. (Sample)				

Fixed (all = 0) chi-square: 34.0 d.f.: 104 significance (probability): 1.00

2. 评分员与评分分项偏差分析

表4-8是评分员与评分分项的偏差分析结果。我们重点考察交互组合中 t 检验值的范围是否在 -2 到 2 之间。

从表4-8可见，t 检验的绝对值全部小于2，分项量表中没有出现显著交互的组合，这说明没有出现评分员对某个分项打分过于严厉或宽松的情况；量表各分项的等级设置合理，各分项描述清晰，具有良好的效度。

表 4-8 分项量表评分员与评分分项的偏差分析

```
Bias/Interaction analysis specified by: 1. raters, 3. items

|Obsvd  Exp.   Obsvd Obs-Exp|Bias  Model     |Infit Outfit|
|Score  Score  Count Average|Size  S.E.   t  |MnSq  MnSq  |SqN raters    measr N i  measr |
   163  159.0    52    .08    .42   .32  1.30  1.3   1.5   1 1 Rater A   -2.81 1 1   1.07
   169  165.5    52    .07    .33   .31  1.08  1.1    .9   6 2 Rater B   -1.88 3 3   -.08
   178  177.4    52    .01    .06   .32   .20  1.0    .9   4 2 Rater B   -1.88 2 2  -1.00
   186  186.3    52   -.01   -.03   .33  -.10   .9    .8   3 1 Rater A   -2.81 2 2  -1.00
   172  175.2    52   -.06   -.31   .31  -.99   .7    .6   5 1 Rater A   -2.81 3 3   -.08
   147  150.6    52   -.07   -.42   .34 -1.22   .9    .8   2 2 Rater B   -1.88 1 1   1.07

   169.2 169.0  52.0   .00    .01   .32   .04  1.0    .9   Mean (Count: 6)
    12.2  11.9   .0    .06    .31   .01   .94   .2    .3   S.D. (Populn)
    13.4  13.1   .0    .06    .33   .01  1.03   .2    .3   S.D. (Sample)

Fixed (all = 0) chi-square: 5.4  d.f.: 6  significance (probability): .50
```

通过以上偏差分析，可以得出结论：

① 从评分员与受试的交互作用看，分项评分量表对受试能力的评估准确，效度高，评分员打分时出现显著偏差的概率较小；

② 从评分员与评分分项的交互来看，量表中的各分项的设置和描述都比较合理清楚，评分员对各分项的把握比较适中，没有出现过于严厉或宽松的现象。

以上这些结论在和整体量表的各层面数据分析结果进行比较后将会更有对比意义。

4.1.6 整体评分量表各层面数据分析与对比

这一节，研究者将对整体评分量表的多面 Rasch 分析数据进行解读，并与分项量表的数据进行对比，从而为本研究开发的测试提供多角度多层面的效度验证数据。

1. 整体量表总体结果

图 4-5 显示的是整体量表下的总体层面图。总体看，整体评分量表也能较好地区分受试能力，体现测试效度。从图中可以看出，受试能力最高的依然是 50 号和最低的 1 号，两者之间的跨度相差了近 12 个 logists(6＋5.8)，小于分项量表的 25 个 logists，能力分布跨度不如分项量表大。评分员 A 和 B 的严厉度跨度较大，且 B 比 A 要严厉。这一项与分项量表相似，但严厉度跨度上整体比分项大。具体的分析可以进一步看评分员层面数据。

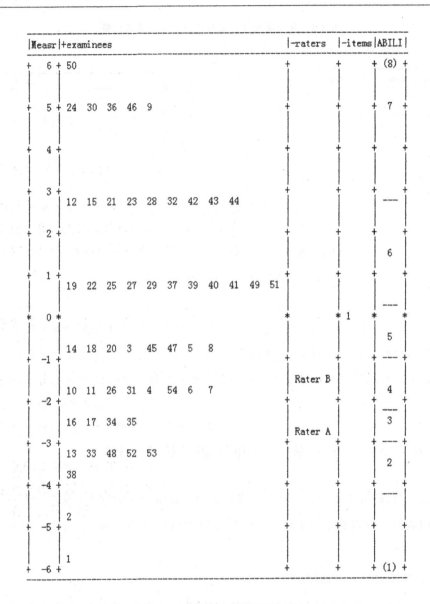

图 4-5 整体量表总体结果分析

2. 整体量表评分员层面分析

表 4-9 反映的是整体量表下评分员层面的分析。评分员内部一致性上从拟合值 (Infit MnSq) 可以看出来,这里的数据显示 0.83 和 1.02,这两个数据均在 Mean±2SD 范围内,且 ZStd 绝对值小于 2,这说明两位评分员在评分标准的把握和使用上体现了较好的前后一致性。数据 Measure 代表的是评分员严厉度,评分员 B 的值为

第 4 章　研究结果与讨论

—1.56，评分员 A 的值为—2.69，说明评分员 B 比 A 严厉。结合卡方统计检验量和显著性系数来看，p 值为 0.00，说明两位评分员的严厉度有显著差异。

在实际操作中，我们希望评分员间的严厉度差异越小越好，这里的数据显示两位评分员还是有较大差异的，这也就解释了总体层面分析图里评分员之间严厉度跨度较大的问题。评分员间的差异性也是整体量表的使用中比较难以避免的问题。

表 4-9　整体量表评分员层面分析

```
| Obsvd  Obsvd  Obsvd  Fair-M |      Model | Infit      Outfit     |Estim.|
| Score  Count  Average Avrage|Measure S.E.| MnSq ZStd  MnSq ZStd  |Discrm| N raters
|  302    53     5.7    6.05  | -1.56  .19 |  .83  -.7   .82  -.8  | 1.12 | 2 Rater B
|  329    53     6.2    6.45  | -2.69  .22 | 1.02   .1   .99   .0  |  .95 | 1 Rater A
| 315.5   53.0   6.0    6.25  | -2.12  .21 |  .92  -.3   .91  -.4  |      | Mean (Count: 2)
|  13.5    .0     .3     .20  |   .57  .01 |  .10   .5   .09   .4  |      | S.D. (Populn)
|  19.1    .0     .4     .28  |   .80  .02 |  .14   .6   .12   .6  |      | S.D. (Sample)
Model, Populn: RMSE .21  Adj (True) S.D. .53  Separation 2.56  Reliability .87
Model, Sample: RMSE .21  Adj (True) S.D. .77  Separation 3.76  Reliability .93
Model, Fixed (all same) chi-square: 15.1  d.f.: 1  significance (probability): .00
```

3. 整体量表学生层面分析

表 4-10 显示了学生层面的统计情况，在数据解读和操作中，一份能体现学生能力差异的数据应该有几个特征：分隔比率（separation）大于 2，分隔指数信度（reliability）大于 0.9，卡方值要大，且 p 值为 0.00。

表 4-10　整体量表学生层面分析

```
| Obsvd  Obsvd  Obsvd  Fair-M |      Model | Infit       Outfit      |Estim.|
| Score  Count  Average Avrage|Measure S.E.| MnSq  ZStd  MnSq  ZStd  |Discrm| Nu examinees
|   4      2    2.0    1.91   | -5.70  .79 |  .24  -.7    .29  -.5   | 1.68 |  1  1
|   6      2    3.0    3.00   | -4.66  .68 |  .42  -.4    .42  -.4   |  .30 |  2  2
|  12      2    6.0    6.01   |  -.67 1.10 |  .12  -.9    .12  -.9   | 1.84 |  3  3
|  11      2    5.5    5.53   | -1.71  .94 | 2.48  1.3   2.59  1.4   | -.57 |  4  4
|  12      2    6.0    6.01   |  -.67 1.10 | 1.47   .7   1.50   .7   |  .35 |  5  5
|  11      2    5.5    5.53   | -1.71  .94 |  .06 -1.4    .06 -1.3   | 1.78 |  6  6
|  11      2    5.5    5.53   | -1.71  .94 |  .06 -1.4    .06 -1.3   | 1.78 |  7  7
|  12      2    6.0    6.01   |  -.67 1.10 |  .12  -.9    .12  -.9   | 1.84 |  8  8
|  15      2    7.5    7.50   | 5.09  1.43 |  .52  -.8    .52  -.8   | 2.21 |  9  9
|  11      2    5.5    5.53   | -1.71  .94 | 2.48  1.3   2.59  1.4   | -.57 | 10 10
|  11      2    5.5    5.53   | -1.71  .94 |  .06 -1.4    .06 -1.3   | 1.78 | 11 11
|  14      2    7.0    6.99   | 2.81  1.60 | 6.28  2.2   6.28  2.2   |-2.50 | 12 12
|   9      2    4.5    4.52   |-3.16   .78 |  .00 -2.0    .00 -2.1   | 1.94 | 13 13
|  12      2    6.0    6.01   |  -.67 1.10 | 1.47   .7   1.50   .7   |  .35 | 14 14
|  14      2    7.0    6.99   | 2.81  1.60 | 6.28  2.2   6.28  2.2   |-2.50 | 15 15
|  10      2    5.0    5.02   |-2.50   .85 |  .23  -.7    .23  -.8   | 1.40 | 16 16
|  10      2    5.0    5.02   |-2.50   .85 |  .52  -.2    .52  -.2   | 1.76 | 17 17
|  12      2    6.0    6.01   |  -.67 1.10 |  .12  -.9    .12  -.9   | 1.84 | 18 18
|  13      2    6.5    6.50   |  .74  1.27 | 1.49   .7   1.51   .7   |  .44 | 19 19
|  12      2    6.0    6.01   |  -.67 1.10 |  .12  -.9    .12  -.9   | 1.84 | 20 20
```

14	2	7.0	6.99	2.81	1.60	.06	-.8	.06	-.8	1.58	21 21
13	2	6.5	6.50	.74	1.27	.34	-.6	.35	-.6	1.74	22 22
14	2	7.0	6.99	2.81	1.60	.06	-.8	.06	-.8	1.58	23 23
15	2	7.5	7.50	5.09	1.43	1.70	1.1	1.70	1.1	-.71	24 24
13	2	6.5	6.50	.74	1.27	.34	-.6	.35	-.6	1.74	25 25
11	2	5.5	5.53	-1.71	.94	.06	-1.4	.06	-1.3	1.78	26 26
13	2	6.5	6.50	.74	1.27	.34	-.6	.35	-.6	1.74	27 27
14	2	7.0	6.99	2.81	1.60	.06	-.8	.06	-.8	1.58	28 28
13	2	6.5	6.50	.74	1.27	.34	-.6	.35	-.6	1.74	29 29
15	2	7.5	7.50	5.09	1.43	.52	-.8	.52	-.8	2.21	30 30
11	2	5.5	5.53	-1.71	.94	.06	-1.4	.06	-1.3	1.78	31 31
14	2	7.0	6.99	2.81	1.60	.06	-.8	.06	-.8	1.58	32 32
9	2	4.5	4.52	-3.16	.78	1.10	.4	1.12	.4	.86	33 33
10	2	5.0	5.02	-2.50	.85	.52	-.2	.52	-.2	1.76	34 34
10	2	5.0	5.02	-2.50	.85	2.82	1.5	2.86	1.5	-.55	35 35
15	2	7.5	7.50	5.09	1.43	1.70	1.1	1.70	1.1	-.71	36 36
13	2	6.5	6.50	.74	1.27	.34	-.6	.35	-.6	1.74	37 37
8	2	4.0	4.06	-3.71	.72	6.27	2.9	6.50	2.9	-5.21	38 38
13	2	6.5	6.50	.74	1.27	1.49	.7	1.51	.7	.44	39 39
13	2	6.5	6.50	.74	1.27	.34	-.6	.35	-.6	1.74	40 40
13	2	6.5	6.50	.74	1.27	.34	-.6	.35	-.6	1.74	41 41
14	2	7.0	6.99	2.81	1.60	.06	-.8	.06	-.8	1.58	42 42
14	2	7.0	6.99	2.81	1.60	.06	-.8	.06	-.8	1.58	43 43
14	2	7.0	6.99	2.81	1.60	.06	-.8	.06	-.8	1.58	44 44
12	2	6.0	6.01	-.67	1.10	.12	-.9	.12	-.9	1.84	45 45
15	2	7.5	7.50	5.09	1.43	1.70	1.1	1.70	1.1	-.71	46 46
12	2	6.0	6.01	-.67	1.10	.12	-.9	.12	-.9	1.84	47 47
9	2	4.5	4.52	-3.16	.78	1.10	.4	1.12	.4	.86	48 48
13	2	6.5	6.50	.74	1.27	.34	-.6	.35	-.6	1.74	49 49
16	2	8.0	7.86	(6.90	2.00)	Maximum					50 50
13	2	6.5	6.50	.74	1.27	.34	-.6	.35	-.6	1.74	51 51
9	2	4.5	4.52	-3.16	.78	.00	-2.0	.00	-2.1	1.94	52 52
9	2	4.5	4.52	-3.16	.78	.00	-2.0	.00	-2.1	1.94	53 53
11	2	5.5	5.53	-1.71	.94	.06	-1.4	.06	-1.3	1.78	54 54

Obsvd Score	Obsvd Count	Obsvd Average	Fair-M Avrage	Measure	Model S.E.	Infit MnSq	ZStd	Outfit MnSq	ZStd	Estim. Discrm	Nu examinees
12.0	2.0	6.0	6.00	.13	1.18	.89	-.3	.91	-.3		Mean (Count: 54)
2.3	.0	1.2	1.16	2.80	.31	1.50	1.1	1.52	1.1		S.D. (Populn)
2.4	.0	1.2	1.17	2.82	.31	1.51	1.2	1.53	1.2		S.D. (Sample)

```
With extremes, Model, Populn: RMSE 1.21  Adj (True) S.D. 2.52  Separation 2.07  Reliability .81
With extremes, Model, Sample: RMSE 1.21  Adj (True) S.D. 2.55  Separation 2.10  Reliability .81
Without extremes, Model, Populn: RMSE 1.19  Adj (True) S.D. 2.38  Separation 1.99  Reliability .80
Without extremes, Model, Sample: RMSE 1.19  Adj (True) S.D. 2.41  Separation 2.02  Reliability .80
With extremes, Model, Fixed (all same) chi-square: 309.4  d.f.: 53  significance (probability): .00
With extremes, Model, Random (normal) chi-square: 56.8  d.f.: 52  significance (probability): .30
```

表 4-10 中,分隔比率为 2.55,信度值为 0.81,卡方值 chi-square＝309.4,$p=.00$,这一数据表明考生之间的能力具有显著性差异,量表情况还是较好的。但与表 4-1 分项量表下的学生层面数据相比(分隔比率为 4.57,信度值为 0.93,卡方值 chi-square＝949.3,$p=.01$),不如分项量表的情况好。

再来看拟合值,取值范围应在 Mean±2Std 之内。因此,这里的受试拟合值应在 0.89±2×1.51 之间,也就是在 -2.13 到 3.91 之间。从表 4-10 中可以看出,有 3 名受试(12 号,15 号,38 号)的拟合值超过了 3.91,进一步检查 ZStd 标准拟合值大于 2 的还有 3 名(13 号,52 号,53 号),因此这 6 名受试都出现了不拟合的情况,且具有显著性。与分项量表的数据对比,整体量表与模型拟合程度和对受试能力的区分不如分项量表好。

4. 整体量表偏差分析

对整体量表的偏差分析就是考察评分员与受试的交互作用,在评分过程中是否对某个受试出现了打分过于严厉或宽松的情况。表 4-11 显示的是使用整体量表时评分员和受试的交互作用中有显著意义的偏差。从对偏差的 t 检验结果来看,在 106 个交互组合中,出现了 3 个有显著性的偏差,占全部交互组合的 2%,这个数据没有超出 McNamara(1996)提出的 5% 的范围。但与分项量表没有出现显著偏差的情况相比,还是有差距。这说明分项评分量表对受试口译能力的评估更为准确,产生显著性偏差的概率很小,因此,分项量表的效度更高。

表 4-11 整体量表评分员与受试的偏差分析

```
Bias/Interaction analysis specified by: 1. raters, 2. examinees

| Obsvd   Exp.   Obsvd  Obs-Exp| Bias  Model      |Infit Outfit|
| Score  Score  Count  Average| Size  S.E.    t  |MnSq  MnSq  | Sq N raters     measr Nu ex  measr
|   7     4.6     1      2.41 | 5.77  2.36   2.44|  .0   .0   | 75 1 Rater A   -2.66 38 38  -3.59
|   6     7.1     1     -1.10 |-4.16  1.61  -2.58|  .0   .0   | 23 1 Rater A   -2.66 12 12   2.78
|   6     7.1     1     -1.10 |-4.16  1.61  -2.58|  .0   .0   | 29 1 Rater A   -2.66 15 15   2.78

| Obsvd   Exp.   Obsvd  Obs-Exp| Bias  Model      |Infit Outfit|
| Score  Score  Count  Average| Size  S.E.    t  |MnSq  MnSq  | Sq N raters     measr Nu ex  measr
|  6.0    6.0    1.0     .00 |  .11  1.75   -.03|  .1   .1   | Mean (Count: 106)
|  1.3    1.2     .0     .65 | 1.57   .51    .85|  .2   .2   | S.D. (Populn)
|  1.3    1.2     .0     .65 | 1.58   .51    .85|  .2   .2   | S.D. (Sample)

Fixed (all = 0) chi-square: 76.5  d.f.: 106  significance (probability): .99
```

表 4-10 学生层面显示能力值 Measure 从 -5.7 到 6.9,结合表 4-11 最后一列显示的受试能力值,我们可以发现,出现显著偏差的这三个交互组合出现在评分员给中间水平的学生打分的过程中。这种现象比较正常,对于中间水平的学生,评分员使用整体量表时很难进行区分。与表 4-7 分项评分量表下评分员与学生的偏差分析相对比可以看出:使用分项量表,将对学生表现的评价分成几个维度,经过培训后的评分员能达到较好的一致性,合理使用分项区分中间水平的受试。

5. 整体评分量表分数段层面

Facets 软件针对评分量表还可以提供对分数段层面的数据分析。对分数段的分析重点考察的是量表在等级设定上的合理性。表里第一列至第四列为量表各分数段的原始数据统计情况:分数段、所有评分员使用这个分数段的次数、该分数被使用的百分比和累计百分比。第五列至第八列为各段的平均度量、模型期望的平均度量以及未加权的均方统计量(Outfit MnSq),最后两列是等级难度和标准误。

从表 4-12 可以看出,整体量表分数段中,高分段 9 分没有被使用,8 分使用了 7 次,低分段 1 分只使用了 1 次,两位评分员打出最高和最低分都比较少。这与参加测试的受试情况有关,54 名受试都是高级翻译学院大四及研一学生,他们大多接受过一年以上的交传口译训练,有的还参加过国际会议交传实践活动,具有一定的基础,但与职业口译员的水平相比,要达到最高级专家译者的级别还是很难的。

表 4-12 整体量表分数段分析

DATA				QUALITY CONTROL			STEP CALIBRATIONS		EXPECTATION Measure at		MOST PROBABLE	.5 Cumul. Probabil.
Category Score	Counts Used	%	Cum. %	Avge Meas	Exp. Meas	OUTFIT MnSq	Measure	S.E.	Category	-0.5	from	at
1	1	1%	1%	-2.10	-3.52	2.8			(-4.98)		low	low
2	2	2%	3%	-3.49*	-2.70	.2	-3.77	1.23	-3.37	-4.19	-3.77	-3.96
3	2	2%	5%	-2.44	-1.67	.2	-2.15	.88	-2.44	-2.86	-2.69	-2.69
4	10	9%	14%	-.67	-.82	.7	-2.83	.67	-1.56	-2.03	-2.49	-2.21
5	13	12%	26%	-.35	.04	.4	-.66	.40	-.45	-1.03	-.66	-.93
6	36	34%	60%	1.61	1.41	.9	-.36	.33	1.27	.25	-.36	.00
7	35	33%	93%	4.09	4.06	1.2	2.65	.31	4.86	2.74	2.65	2.68
8	7	7%	100%	6.23	6.64	1.3	7.11	.50	(8.19)	7.13	7.11	7.11
									(Mean)	(Modal)	(Median)	

从图 4-6 可以看出,整体量表中各分数段的平均度量都是呈单调递增的趋势,每条概率曲线都有自己独立的尖峰。第 3 分数段和第 5 分数段的区间虽然较小,但也有自己的尖峰。

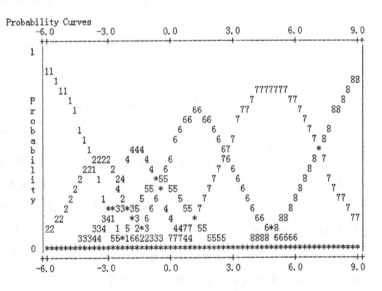

图 4-6 整体量表分数段概率图

Outfit MnSq 数值如果超过 2,则此分数段不能正确反映受试的实际能力(Liancre,1999)。从表 4-12 中该列数据可见,在第一分数段出现了 outfit 值超过 2 的情况,这说明这个分值无法反应学生的能力。结合学生层面分析表进一步看,是 38 号考生获得了 1 分,该考生录音中前半段为空白,后半段才开始翻译,口译的完整性匮乏较严重,因此也是评分员给出 1 分的原因。

表中第八列表示量表的阶难度,呈递增趋势,没有出现无序分阶的现象。分数段能真实反映所有的潜在变量。相邻阶难度之间差距在 1 logits 和 5 logits 之间,这表明整体量表的分数段具有足够区分学生能力的分隔。

6. 对比结论

使用多面 Rasch 模型对本研究使用的整体评分量表和分项评分量表进行分析和对比来看,可以得到以下结论。

① 从总体层面拟合分析和各层面拟合分析看,分项评分量表的观察分数比多面 Rasch 模型拟合更好。

② 对学生能力的区分度来说,分项评分量表表现更好。

③ 使用分项评分量表,评分员评分过程能保持较一致的严厉度。

④ 分项量表的维度设置合理,等级描述清晰准确。在评分员与学生、评分员与评分分项的交互作用中没有出现显著偏差。

⑤ 分项量表中各维度的等级设置合理。

本节主要介绍了对本研究开发的分项评分量表的效度验证结果。基于语言运用测试开发的范式和作者提出的效验框架,完成了构念效度证据的收集;通过对新开发的分项量表评分结果分析和与语言运用测试 9 级整体量表的评分结果的对比分析,完成了评分效度和针对量表的效标关联证据的收集。

下面还将从其他几个角度继续补充效验证据。

4.2 测试整体信度

为了检验测试信度,54 名受试的口译录音各由两位评分员根据评分标准对考生独立进行评分。由于评分结果的分数都在 20 分之内,属于离散变量,因此采用斯皮尔曼等级相关系数来估计两位评分员的信度。按照测量学的要求,口语和写作这类主观测试的信度估计在 0.60 以上可被视为较高的信度。另外,通过方差分析,考察采用不同评分量表的两组评分结果的均值是否存在显著差异。

本研究设计共实施 2 次正式测试,前后相隔 6 周,测试地点为相同的语音实验室,测试实施程序也完全相同。2 位评分员接受相同的培训,使用整体和分项评分量表对 54 名受试进行打分。由此获得了评分员 A 和评分员 B 一评、二评两套数据。使用 SPSS 19.0 对数据进行统计,结果如下。

首先来看评分员间一致性情况。表 4-13 是两位评分员对 54 名受试使用分项评分量表打分的描述性统计。两位评分员在量表第一项内容分项上的均分为 3.37 和 3.13,第二项表达分项上的均分为 3.73 和 3.5,第三项策略分项上的均分为 3.11 和 3.08。偏态值和峰态值均在-2 到 2 之间,这表明样本数据接近正态分布。

表 4-13　两位评分员对 54 名受试口译评分的描述性统计

	评分员 A				评分员 B			
	均分	标准差	偏态值	峰态值	均分	标准差	偏态值	峰态值
内容	3.37	0.91	-.017	-.88	3.13	0.68	-.75	.47
表达	3.73	0.96	.16	-.83	3.5	0.82	.55	.20
策略	3.11	0.89	.023	-.80	3.08	0.73	-.68	.33

表 4-14 和表 4-15 显示了两位评分员在第一次评分和第二次评分使用分项量表打分时的一致性情况。我们使用斯皮尔曼等级相关的方法,可以得出两位评分员第一次评分的总分呈显著相关(0.692),二评的总分也呈显著相关(0.795)。两次数据表明评分员 A 和 B 之间的一致性较高,第一次测试和第二次测试都具有较好的信度。

表 4-14　一评评分员间一致性

	Correlations		评分员 A	评分员 B
Spearman's rho	评分员 A	Correlation Coefficient	1.000	.692**
		Sig. (2-tailed)	.	.000
		N	54	54
	评分员 B	Correlation Coefficient	.692**	1.000
		Sig. (2-tailed)	.000	.
		N	54	54

**. Correlation is significant at the 0.01 level (2-tailed).

表 4-15 二评评分员间一致性

Correlations			评分员 A	评分员 B
Spearman's rho	评分员 A	Correlation Coefficient	1.000	.795**
		Sig. (2-tailed)	.	.000
		N	54	54
	评分员 B	Correlation Coefficient	.795**	1.000
		Sig. (2-tailed)	.000	.
		N	54	54

**. Correlation is significant at the 0.01 level (2-tailed).

对于同一次测试,评分员间的信度可以被认为是一次测试内部的信度。而测试整体的信度可以使用一测再测(test-retest)的方法获得证据。Bachman(1990)认为只有在保证测试内部信度的基础上,才能保证进行一测再测信度估算的可靠性。因此我们使用两次测试的评分数据进行相关分析,由此获得一测再测信度证据。这次依然使用斯皮尔曼相关系数,获得了 0.907 的显著相关(见表 4-16)。这说明本测试第一次测试和第二次测试具有相当高的整体信度。

表 4-16 一评二评结果之间的相关分析

Correlations			评分员 A	评分员 B
Spearman's rho	评分员 A	Correlation Coefficient	1.000	.907**
		Sig. (2-tailed)	.	.000
		N	54	54
	评分员 B	Correlation Coefficient	.907**	1.000
		Sig. (2-tailed)	.000	.
		N	54	54

**. Correlation is significant at the 0.01 level (2-tailed).

以上数据都是在使用分项量表下分析得出的。斯皮尔曼相关系数显示评分间都有较高的一致性。但是这些数据无法显示 2 位评分员使用不同的评分量表时,在打分结果上是否存在显著性差异。因此,研究将通过相关分析和方差分析的方法对评分员使用不同评分量表得出的分数进行分析。

将评分员使用分项量表所打出的分数进行合成,然后将其与整体量表的分数进行相关分析,得出的相关系数为0.626,且两组间的相关具有显著意义($p=0.00$),表明本研究测试开发的分项评分量表与整体量表的相关性较高,分项量表具有较好的效标关联效度。这也印证了上一节使用多面Rasch模型分析得到的结论。

表4-17是对不同量表的评分结果进行方差分析的结果。计算出的统计值为:$F=0.905$,在置信度(双侧)为0.01时,评分员之间的差异无统计学意义。统计结果表明,采用不同评分量表评分员的均值没有显著差异。

表4-17 方差分析结果

	Sum of Squares	df	Mean Square	F	Sig.
Between Groups	6.715	3	2.238	.905	0.439
Within Groups	890.025	360	2.472		
Total	896.740	363			

综上,使用SPSS软件对两位评分员先后两次分别使用整体量表和分项量表评分的结果进行统计分析,可以得出以下结论。

① 本研究测试具有较高的评分效度,评分结果是可靠、有效的。

② 评分过程中,使用同一评分量表的评分员的评分结果具有较高的一致性,使用不同评分量表的评分员的评分结果具有较高的一致性。

③ 通过一测再测信度检验显示,本研究测试具有相当高的整体信度,测试的稳定性很高。

4.3 效标关联效度

这里的效标关联效度研究的问题是:商务谈判口译运用测试与外部效标的关联性如何?效标关联效度是指测试分数与某一外部效标,如学生的某次考试成绩间的一致性程度,即测试结果能够代表或预测效标行为的有效性和准确性程度。效标是能够体现测试目标的相对准确的一个参照标准,效标分数和测试分数之间的相关系数即为效标关联效度。在建立效度的过程中,需要收集证据表明测试分数和某个标准之间的关系,因为这个标准同样表现了所测的能力。该标准可以是考生在另一同类测试上的分数,也可以是考生将来的实际表现出的水平,用这种方法建立的效度就是效标关联效度。

效标是影响效标关联效度的客观性和有效性的最为关键的一个因素,因此效标的选择至关重要。在语言和教育测量中常用的效标包括:学业成绩、等级评定、专门的训练成绩、实际的工作表现以及其他现成的有效测试。

本研究选取被测学生的口译期末成绩、口译教师对这些学生平时成绩和口译水平的排序作为效标,来观察本研究测试的成绩和效标分数之间的关系如何。

首先,学生的口译期末成绩是重要的学业成绩指标。参加此次研究的学生为高校高级翻译学院的大四及研究生,他们的平时成绩可以为研究者提供其较为真实的口译能力水平。而口译任课教师对学生平时成绩和表现的综合排序则可以从培养目标角度提供参考。这几位任课教师都曾经或正在从事职业口译工作,他们了解职业口译员需要具备的基本素养,同时也很明确培养目标是使学生成为适应市场需要的合格职业口译员。因此他们对学生口译能力的评价为本研究测试提供了重要的指标。

本研究应用统计软件 SPSS 19.0 对数据进行相关分析。在统计学上,一般采用相关系数来估计效标关联效度。计算时应根据相关系数的应用条件,采用适用的统计量来估计效标关联效度,这样才能准确地评价一个测试的有效性。当考试成绩分布类型未知或原始数据用等级表示时,需用斯皮尔曼等级相关系数表示效标关联效度。按照测量学的要求,相关系数 $r>0.7$ 时,表示测试的效标关联效度较高;$0.4<r<0.7$ 时,表示测试的效度为中等;$r<0.4$ 时,表示测试的效度较低。在纯理论研究中,即使相关系数很小,如果通过显著性检验,则说明两变量之间的系数是显著相关的。

根据表 4-18 可知,学生在本研究测试中的成绩与其期末学业成绩在 1% 的显著性水平下呈正相关,即平时口译能力较高的学生能够在商务谈判口译测试中取得更高的成绩,本研究测试成绩与学生的期末成绩正相关。相关系数 $r>0.7$,表明考试的效标关联效度较高。

表 4-18 学生期末成绩与本研究测试成绩的相关分析

期末成绩		本研究测试成绩		相关系数
均值	标准差	均值	标准差	r
42.06	13.119	53.42	8.257	0.733**

** $p<0.01$

从表 4-19 的相关分析结果可以发现,参加测试的四个班级的专业任课教师对学生学业水平的排序与他们的商务谈判口译测试成绩排序均呈现显著性相关,即商务谈判口译测试成绩与教师排序呈正相关。相关系数的范围是 $0.35<r<0.70$,

表明具有中等效标关联效度。

表 4-19　商务谈判口译测试排序与专业任课老师排序间的相关分析

班级	某大学高翻 口译研一	某大学高翻 口译研究生精英班	某大学高翻 大四口译精英1班	某大学高翻 大四口译精英2班
人数	20	6	12	15
相关系数	0.493**	0.517**	0.584**	0.670**
显著性(双侧)	.00	.00	.00	.00

** $p<0.01$

通过以上分析可以得出结论：商务谈判口译测试具有较高的效标关联效度。首先，本研究测试成绩与学生的期末成绩相关性最高，这说明本研究测试的口译成绩能够反映学生真实的交传口译能力，平时口译成绩较好的学生在本研究测试中会取得较高的成绩；其次，本研究测试成绩与专业口译教师排序之间具有中等程度的相关性。出现这种情况，有可能是以下原因造成的：一是样本量偏小；此外，专业任课教师在对学生进行排序时，难免会受到个人主观因素的影响，而且每个班级的排序由一名该班专业任课教师独立进行，这些因素都会影响排序的准确性。但是，将教师排序作为效标来考察还是很有必要的，为了得出更科学的研究结果，今后需要为排序的操作过程设计更合理和严谨的方式，以保证采集数据的准确性。

4.4　构念效度与内容效度

构念效度是指研究中的操作和预定的构念的符合程度。一方面指测试测量到理论假设的某种特质的程度，另一方面指测试能够证实的理论本身的合理性或有效程度。构念效度的建立是一个过程，在这个过程中，测试设计者首先提出关于能力或特质(trait)的理论假设即所谓构念，然后对构念进行操作性定义并根据构念编制和实施测试，最后对测试结果进行分析，检验测试结果与构念的一致性程度。当测试结果被证明与理论构念一致时，则说明测试具有构念效度。

对本测试构念效度证据的收集需要论证测试在多大程度上测量了它要测量的构念，即商务谈判英汉交传翻译能力。事实上，本研究的整个框架已经为此提供了构念效度的证据。本研究的流程以建立商务谈判英汉交传口译能力模型为开端，在工作分析的基础上确定了商务谈判口译这种语言交际行为的主要内容和特点。根据工作分析得到的结果，进一步确定测试的任务和评分量表。在开发分项量表之前,先对量表所测的构念分解,基于真实工作场景观察、专家访谈、文献搜索等方法列出了对职业性专门用途语言运用行为的重要评价因素,根据职业口译员调查问卷和专家组审核的方法确定了评分量表的分项,编写了各分项的等级描述。8 人专家组是工作分析中测试任务和评分标准真实性监控机制中最重要的一环。他们由有经验的职业口译员、口译教师、口译研究者以及口译使用单位代表组成,对职业化的口译服务评价具有代表性。

根据 Carroll 和 McNamara,需要分析或工作分析是交际语言运用测试模型中最核心的环节,是选择测试内容的手段,也是建立交际语言运用测试效度的依据。合理的工作分析能保证测试的内容效度。本测试依照 McNamara 的 OET 测试开发流程,进行工作样本分析,并搭建测试真实性监控机制确保测试任务的真实性。这些流程本身就保证了测试的内容效度。

本章主要内容为测试整体开发研究的第三阶段:测试验证阶段,即从不同层面对测试实施效度验证。本章对测试结果和评分过程,尤其是评分人、评分量表这一对行为测试产生重要影响的评分环节进行分析和解释。研究者借助多面 Rasch 模型从考生能力、评分员、评分量表,评分量表中整体量表和新开发的分项量表的不同功效,分项量表中各分项的设置以及这几个层面两两之间的交互关系等方面多角度收集测试的效度证据。在此基础上,针对测试结果,还使用相关分析、独立样本 t 检验、方差分析等手段对测试整体信度、效标关联效度等方面进行证据收集。

第 5 章 结 论

本章将简要介绍本次研究的主要过程和结论,并在此基础上阐述本研究的意义和贡献,最后提出了本研究尚不完善的地方,并为今后继续深入的研究提供建议和方向。

5.1 研究结果总结

随着全球化发展的不断深化,我国与世界连接的形式和紧密程度不断加大、加深。这种背景下,我国职业口译员的需求不断增加,对口译员的要求也不断提高,这其中,经贸谈判领域的人才缺口尤为紧缺,熟悉商务领域的职业口译员能极大促进谈判进展,增加谈判效率,为口译使用单位争取最大利益。可以说我国职业化、专门性口译服务发展开始兴起。与繁荣的口译市场需求相比,对口译的测试研究相对落后,重视不够,国内还没有专门的职业翻译资格考试,与国外分类细致、专业化程度高的口译测试服务有较大的差距。

因此,本研究旨在以真实的商务谈判为研究对象,从测量学和翻译实务视角,探索开发一个适用于职业英语口译的测试。研究开发的商务谈判口译测试是在工作分析和交际语言能力理论指导下设计的专门用途语言与口译实践相结合的交际语言运用测试。

整个研究共经历三个阶段:第一阶段为测试设计阶段,该阶段重点在于搭建测试开发的理论框架。从语言测试理论出发探讨语言行为测试的特点,并以McNamara开发的职业医务人员英语测试为例,研究了语言运用测试或行为测试的开发方法。从交际语言能力理论角度对翻译能力和口译能力的研究进行了梳理,并对商务谈判语言的特点从理论层面进行概述。综合以上理论研究,研究者建立了商务谈判口译运用测试的理论框架,并设定了该测试的效度验证框架。

第二阶段为研究的实施阶段,即对商务谈判口译运用测试的开发设计,包括三个步骤。首先,对国际商务谈判工作进行工作分析。工作分析采用现场观摩、职业从业者调查、访谈、话语分析等方法详细了解了职业口译员在商务谈判场景下完成口译任务的真实情况。然后,根据工作分析得到的结果,确定本研究测试的测试任务为:以商务谈判中占比较大的贸易谈判为主要内容,应试者作为中方雇员,根据所提供的译前准备资料,为中方与外方的一场贸易谈判全程提供英汉交传口译服务。工作分析还对商务谈判口译质量的判断标准进行问卷调查,结合国际国内翻译资格认证考试评分标准和业内的质量评估标准,提出了对该类职业口译员评价较为重要的几个因素。在专家组调查和评审基础上开发了本测试的分项评分量表。研究者安排了预实验对测试任务、题型、测试时长、测试环境等方面进行了摸底。最后,实施正式测试,对评分员进行培训、打分、收集数据。

第三阶段为本研究的最后一个阶段,即对新开发的测试进行效度验证。口译是一种可直接观测的交际语言运用,这类测试与能力测试相比最大的不同在于评分环节中评分员和评分量表的介入。评分效度是交际语言运用测试的核心效度。教育测量学中项目反应理论的多面 Rasch 模型在这一领域有突出的优势,可以将影响测试效度的多个层面:考生能力,评分员严厉度、一致性,评分量表分项设置、等级描述、整体功效等放在一个洛基尺上进行比较。因此本阶段重点使用多面 Rasch 模型,配合 SPSS 软件对测试多个层面进行效度验证。效验结论如下。

① 多面 Rasch 模型分析显示,无论是从总体拟合统计还是从分层面拟合统计,分项评分量表的观察分数与模型拟合最好。

② 评分员在使用分项量表时能够保持严厉度的一致性,表现出良好的评分员间一致性。

③ 使用分项式评分时,评分员两两之间的评分结果没有显著性差异,整体评分量表的评分有显著性差异。

④ 分项评分量表与整体评分量表的评分结果之间呈显著性相关,具有很好的效标关联效度。

⑤ 分项评分量表对学生能力的区分力比整体评分量表强。各维度的等级设置比较合理。

⑥ 根据评分员与考生、评分员与评分分项的交互均未出现显著偏差,可知道分项量表的维度设置合理,等级描述准确和清晰。

⑦ 一测再测的测试分数相关达 0.9 以上,测试整体呈现高信度水平,测试具有很强的稳定性。

⑧ 本测试与外部指标(学生期末考生成绩、任课教师对学生水平的排序)的相

关分析显示,本研究测试具有较好的效标关联效度。

5.2 研究贡献

本研究的主要贡献体现在理论研究、方法论和社会价值三个方面。

首先,在理论研究上,以跨学科的视角,从测量学角度出发对职业口译质量评估进行研究。本研究在交际语言能力理论以及语言运用测试开发范式指导下,根据工作分析最大限度贴近真实工作场景,模拟职业口译员真实工作任务,为职业化口译资格考试的形式开辟了新的思路和参考,丰富了对口译能力和口译质量评估的研究。

在方法论上,本研究为口译测试评分方法和效度验证提供了新思路和新方法,翻译研究中对口译质量评估多以感性描述或理论阐述角度进行,实证研究较少。研究从测量学角度对所开发的测试,从设计、实施、验证的全过程都有质性和量化研究相结合。在对所开测试效度进行验证的实证研究中,在传统经典真分数理论的基础上,采用了项目反应理论中的 Rasch 模型法。多面 Rasch 模型的优势在于它可以将主观测试中对直接影响考生分数的因素,如考生的能力、评分员的严厉度、任务难度、评分分项难度、评分量表功效等参数化,并可放在同一个尺度上,进行比较和分析。这种方法运用在口译测试研究中还很少,具有一定的创新性。

根据我国当前翻译行业的人才需求状况来看,我国对翻译的职业化要求越来越高。目前社会上已经出现了法庭口译、医护口译、电视口译、社区口译等越来越精细的职业口译需求。然而目前我国还没有出现与之相适应的职业口译考试。本书研发的专门领域职业口译测试从设计过程到测试方法都具有一定的创新性,对该类职业翻译测试的研发和设计具有一定的借鉴意义。

5.3 研究局限性和未来研究展望

由于研究时间和能力等方面的限制,本书研究还有许多不足之处,期待在今后的研究中得以改进。

首先,是样本的代表性问题。由于主客观方面的原因,商务谈判口译运用测试仅在两所高校施测,共 54 名高级翻译学院四年级至研究生一年级学生参加了考试,样本数量虽然超过了多面Rasch模型使用的要求,但在语言层次和区域样本代表性上还有很大不足。在今后的研究中,应该扩大样本量,对不同口译水平、不同地区的受试进行更大范围的采样和分析。

其次,是测试内容方面。虽然商务谈判的宗旨都是双方对各自利益的最大化争取,但商务谈判内容包罗万象,涉及社会生活的方方面面。鉴于时间、人力和研究水平的限制,商务谈判口译测试仅对占比较大的国际贸易为主题的谈判进行了研究,未来还可以对商务谈判的其他主题,如金融、技术壁垒、电子商务等热门领域继续进行研究。编制出商务谈判对话语料库,丰富商务谈判口译测试的内容设计。

最后,为了客观全面地评价测试的效度,研究还可以考虑增加对构念维度的验证性因子分析,对分项量表的权重设置的分析。同时,在整体效度观的影响下,未来还应对本研究开发的测试进行反拨效度的验证,以加强对考试后效的研究,证明测试使用环节的公正性。

参考文献

Adab B. 2000. Evaluating translation competence. In Schaffner, C. & B. Adab (eds.) Developing Translation Competence. Amsterdam / Deladelphia: John Benjamins. 215-228.

Alderson J C, Clapham C, Wall D. 1995. Language Test Construction and Evaluation. Cambridge: Cambridge University Press..

ALTE. 1998. Multilingual Glossary of Language Testing Terms. Cambridge: University of Cambridge Local Examinations Syndicate.

Angelelli C, Jacobson H. 2009. Testing and Assessment in Translation and Interpreting Studies: A Call for Dialogue between Research and Practice. Amsterdam / Philadelphia: John Benjamins.

American Psychological Association (APA). 1999. American Educational Research Association, and National Council on Measurement in Education. Standards for Educational and Psychological Tests and Manuals. Washington, DC: Author.

Bachman, L. F. 1988. Problems in examining the validity of the ACTFL oral proficiency interview. Studies in Second Language Acquisition, 10(2): 149-164.

Bachman L F. 1990. Fundamental Considerations in Language Testing. Oxford: Oxford University Press.

Bachman L F. 1991. What does language testing have to offer? TESOL Quarterly, (4): 671-704.

Bachman L F, Palmer A S. 1996. Language Testing in Practice. Oxford: Oxford University Press.

Bachman L F, Palmer A S. 2010. Language Assessment in Practice Developing Language Assessments and Justifying their Use in the Real World. Great Britain: Martins the Printer Ltd.

Bachman L F, Lynch B K, Mason M. 1995. Investigating variability in tasks and rater judgments in a performance test of foreign language speaking. Language Testing, 12(2): 238-257.

Bühler H. 1986. Linguistic (semantic) and extra-linguistic (pragmatic) criteria for the evaluation of conference interpretation and interpreters. Multilingua, 5 (4): 231-235.

Barik H C. 1971. A description of various types of omissions, additions and errors of translation encountered in simultaneous interpretation. Meta, 16(4): 199-210.

Beeby A, Castillo L, Fox O, et al. 2015. Results of PACTE's experimental research on the acquisition of translation competence: the acquisition of declarative and procedural knowledge in translation. The dynamic translation index. Translation Spaces, 4(1): 29-53.

Bhatia V K. 2004. Analyzing Genre: Language Use in Professional Settings. London: Longman Publishing House.

Bhatia V K. 2008. Worlds of Written Discourse. Shanghai: Shanghai Foreign Education Press.

Bonk W J, Ockey G J. 2003. A many-facet Rasch analysis of the second language group oral discussion task. Language Testing, 20(1): 89-110.

Cao D. 1996a. On translational language competence. Babel, 42 (4): 231-238.

Cao D. 1996b. Towards a model of translation proficiency. Target, 8(2): 325-340.

Canale M, Swain M. 1980. Theoretical bases of communicative approaches to second language teaching and testing. Applied Linguistics, 1(1): 1-17.

Carroll B. 1980. Testing Communicative Performance: An Interim Study. Oxford: Pergamon.

Chapelle C, Brindley G. 2002. Assessment, in Schmitt, N. (ed.). An Introduction to Applied Linguistics. London: Arnold.

Colina S. 2003. Translation Teaching, from Research to the Classroom: AHandbook for Teachers. Boston: McGraw-Hill.

Colina S. 2008. Translation quality evaluation: empirical evidence for a functionalist approach. The translator, 14(1): 97-134.

Colina S. 2009. Further evidence for a functionalist approach to translation quality evaluation. Target, 21(2): 235-264.

Coulthard M. 1977. An Introduction to Discourse Analysis. London: Longman.

Cooper C R. 1977. Holistic evaluation of writing. In C. R. Cooper & L. Odell (eds.), Evaluating Writing: Describing, Measuring, Judging. Urbana: National Council of Teachers of English.

Davies A, Brown A, Elder C, et al. 1999. Dictionary of Language Testing. Cambridge: Cambridge University Press.

Davies A, Brown A, Elder C, et al. 2012. Dictionary of Language Testing. Cambridge: Cambridge University Press.

Diederich P B. 1974. Measuring Growth in English. Urbana: National Council of Teachers of English.

Douglas D. 2001. Language for specific purposes assessment criteria. Language Testing, 18(2):133-147.

Drew P, Heritage J. 1992. Analyzing talk at work: an introduction, Talk at Work: Interactional in Insitutional Setting. Cambridge: Cambridge University Press.

Ellis M, Johnson C. 1994. Teaching Business English. Oxford: Oxford University Press.

Engelhard G. 1992. The measurement of writingability with a many-facet Rasch model. Applied Measurement in Education, 5(3): 171-191.

Eyckmans J, Anckaert P, Segers W. 2009. The perks of norm-referenced translation evaluation. In Angelelli, C. and Jacobson, H. 2009. Testing and Assessment in Translation and Interpreting Studies: A Call for Dialogue between Research and Practice. Amsterdam / Philadelphia: John Benjamins.

Farrokhi F, Esfandiari R, Schaefer E. 2012. A many-facet Rasch measurement of differential rater severity/leniency in three types of assessment. JALT Journal, 34(1): 79-101.

Fulcher G. The "communicative" legacy in language testing. System, 2000 (28): 483-497.

Gile D. 1995. Basic Concepts and Models for Interpreter and Translator Training. Amsterdam and Philadelphia: John Benjamins Publishing Company.

Gerver D, Longley P, Long J, et al. 2011. Selecting trainee conference interpreters: a preliminary study. Journal of Occupational Psychology, 57(1): 17-31.

Gerver D, Sinaiko H W. 1978. Language Interpretation and Communication: Introduction to the Proceedings. New York: Springer US.

Golavar E. 2012. Translators' performance on translation production tests and translation multiple-choice tests. Translation Journal, 16(1).

Halliday M A K. 1994. An Introduction to Functional Grammar. London: Edward Arnold.

Hamp-Lyons L, Lumley T. 2001. Assessing language for specific purposes. Language Testing, 18(2): 127-132.

Harley B, Allen P, Cummings J, et al. 1990. The Development of Second Language Proficiency. Cambridge: Cambridge University Press.

Harris D. 1969. Testing English as a Second Language. New York: McGraw-Hill.

Heaton J B. 1988. Writing English Language Tests. London: Longman.

Henning G. 1987. A Guide to Language Testing: Development, Evaluation and Research. Beijing: Foreign Language Teaching and Research Press.

Hymes D H. 1962. The ethnography of speaking. In T. Gladwin & Sturtevant, W. C. (eds.), Anthropology and Human Behavior, 13-53. Washington D C: Anthropology Society of Washington.

Hymes D H. 1964. Introduction: Toward ethnographies ofcommunication. American Anthropologist, 66 (6): 1-34.

Hymes D H. 1972. On communicative competence. In J. Pride & Holmes J. (eds.) Sociolinguistics, 269-293. Harmondsworth: Penguin.

Hymes D H. 1973. Toward Linguistic Competence. Texas working papers in sociolinguistics, working paper No. 16. Austin, Tex: Center for Intercultural Studies in Communication, and Department of Anthropology, University of Texas.

Hymes D H. 1974. Foundations in Sociolinguistics: An Ethnographic

Approach. Philadelphia: University of Pennsylvania Press.

Hymes D H. 1982. Toward Linguistic Competence. Philadelphia, Pa: Graduate School of Education, University of Pennsylvania.

Keiser W. 1978. Selection and Training of Conference Interpreters. Language Interpretation and Communication. New York: Springer US.

Kelly D. 2005. A Handbook for Translator Trainers: Translation Practices Explained Series. Manchester: St. Jerome.

Kim M. 2009. Meaning-oriented assessment of translations: SFL and its application to formative assessment. In Angelelli, C. and Jacobson, H. 2009. Testing and Assessment in Translation and Interpreting Studies: A Call for Dialogue between Research and Practice. Amsterdam / Philadelphia: John Benjamins. 123-158.

Kondo-Brown K. 2002. A FACETS analysis of rater bias in measuring Japanese second language writing performance. Language Testing, 19(1): 1-29.

Kurz I. 1993. Conference interpretation: expectations of different user groups. Interpreters Newsletter: 313-324.

Lado R. 1961. Language Testing: The Construction and Use of Foreign Language Tests. New York: McGraw Hill.

Linacre J M. 1994a. Many-facet Rasch measurement. Chicago: Mesa Press.

Linacre J M. 1994b. Sample size and item calibrations stability. Rasch Measurement Transactions, 7(4): 328.

Linacre J M. 1999. Understanding rasch measurement: estimation methods for rasch measures. Journal of Outcome Measurement, 3(4): 382-405.

Linacre J M. 2002a. Optimizing rating scale category effectiveness. Journal of Applied Measurement, 3(1): 85-106.

Linacre J M. 2002b. What do Infit and Outfit, Mean-square and Standardized mean? Rasch Measurement Transactions, 16(2): 878.

Linacre J M. 2005a. A User's Guide to Facets. Chicago: MESA Press.

Linacre J M. 2005b. FACETS: Version3.58. Chicago: Winstep.com.

Louhiala-Salminen L. 1996. The business communication classroom vs reality: what should we teach today? English for Specific Purposes, 15(1): 37-51.

Lumley T, McNamara T F. 1995. Rater characteristics and rater bias: implications for training. Language Testing, 12(1): 54-71.

Lynch B K, McNamara T F. 1998. Using G-theory and many-facet Rasch measurement in the development of performance assessments of the ESL speaking skills of immigrants. Language Testing, 15(2): 158-180.

Mack, Cattaruzza. 1995. Evaluation Issues in Interpreting: A Bibliography, in Shlesinger, M. 2000. Evaluation issues in interpreting. Translator, 6(2): 363-366.

McNamara T. 1996. Measuring Second Language Performance. London: Longman.

McNamara T. 2000. Language Testing. Oxford: Oxford University Press.

McNamara T F, Adams R J. 1991. Exploring rater behaviour with rasch techniques. https://files.eric.ed.gov/fulltext/ED345498.pdf. Accessed 20 Nov 2010.

McNamara T F, Roever C. 2006. Language testing: The social dimension. Malden, MA & Oxford: Blackwell.

Merritt M. 1976. On question following in service encouters. Language in society, (5): 315-357.

Messick S. 1996. Validity and Washback in Language Testing. Language Testing, (13): 241-256.

Messick S. 1995. Validity of Psychological Assessment: Validation of Inferences from Personas Responses and Performance as Scientific Inquiry into Scoring Meaning. American Psychologist, (9): 741-749.

Messick S. 1981. Evidence and Ethics in the Evaluation of Tests. Educational. Researcher, (10): 9-20.

Long M H. 2005. Second Language Needs Analysis. Cambridge: Cambridge University Press.

Munby J. 1977. Communicative Syllabus Design. Cambridge: Cambridge University Press.

Myford C M, Wolfe E W. 2000. Monitoring sources of variability within the Test of Spoken English assessment system (TOEFL Research Report No. 65). Princeton, NJ: Educational Testing Service.

Myford C M, Wolfe E W. 2003. Detecting and measuring rater effects using many-facet Rasch measurement: Part I. Journal of Applied Measurement, 4(4): 386-422.

Myford C M, Wolfe E W. 2004. Detecting and measuring rater effects using many-facet Rasch measurement: Part II. Journal of Applied Measurement, 5(2): 189-227.

Neubert 2000. Competence in language, in languages, and in translation. In Schaffer, C. & B. Adab (eds.) Developing Translation Competence. Amsterdam: John Benjamins. 3-18.

Oller JWJ. 1979. Language Tests at School. London: Longman.

Orozco. 2000. Building a measuring instrument for the acquisition of translation competence in trainee translators. In Schaffer, C. & B. Adab (eds.) Developing Translation Competence. Amsterdam / Philadelphia: John Benjamins. 199-214.

O'Sullivan B. 2001. Investigating Variability in a Writing Performance Test: A Multi-Faceted Rasch Approach. University of Reading/UCLES Report.

PACTE. 2000. Acquiring Translation competence: hypotheses and methodological problems of a research project. In A. Beeby, D. Ensinger, & M. Presas (eds.), Investigating Translation: Selected Papers from the 4th International Congress on Translation. Amsterdam: John Benjamins. 99-106.

PACTE. 2002. Exploratory Tests in a Study of Translation Competence. Conference Interpretation and Translation, 4(2): 41-69.

PACTE. 2003. Building a translation competence model. In Alves, F. (eds.). Triangulating Translation: Perspectives in Process Oriented Research. Amsterdam / Philadelphia: John Banjamins. 43-66.

PACTE. 2005. Investigating translation competence: Conceptual and methodological issues. Meta 50: 609-618.

Park T. 2004. An investigation of an ESL placement test of writing using many-facet Rasch measurement. Teachers College, Columbia University, Working Paper in TESOL & Applied Linguistics, 4(1): 1-21.

Pochhacker F. 2002. Researching interpreting quality: Models and methods/ G. Garzone & M. Viezzi. Interpreting in the 21st Century: Challenges and

Opportunities. Amsterdam and Philadelphia: John Benjamins Publishing Company. 95-106.

Popham J W. 1990. Modern Educational Measurement: A Practitioner's Perspective. New York: Prentice Hall.

Schaefer E. 2008. Rater bias patterns in an EFL writing assessment. Language Testing, 25(4): 465-493.

Schaffner C, Adab B. 2000. Developing Translation Competence. Amsterdam/Philadelphia: John Banjamins.

Schaffner C. 2000. Running before walking? Designing a translation programme at the undergraduate level. In Schaffer, C. & B. Adab (eds.). Developing Translation Competence. Amsterdam/Philadelphia: John Benjamins. 143-156.

Schegloff E A. 1972. Notes on a conversational practice: formulating place. Sudow, D. (ed.) Studies in social interaction. New York: Free Press.

Sinclair J, Coulthard R. 1975. Towards an analysis of discourse. Oxford: Oxford University Press.

Spolsky B. 1995. Measured Words. Oxford: Oxford University Press.

Sudweeks R R, Reece S, Bradshaw W S. 2005. A comparison ofgeneralizability theory and many-facet Rasch measurement in an analysis of college sophomore writing. Assessing Writing, 9(3): 239-262.

Taylor D. 1988. The meaning and use of the term--competence in linguistics and applied linguistics. Applied Linguistics, 2: 148-168.

Timorova S, Ungoed-Thomas H. 2009. The predicative validity of admission tests for conference interpreting courses in Europe: a case study. In Angelelli, C. and Jacobson, H. 2009. Testing and Assessment in Translation and Interpreting Studies: A Call for Dialogue between Research and Practice. Amsterdam/Philadelphia: John Benjamins.

Tiselius E. 2009. Revisiting Carroll's scales, In Angelelli, C. and Jacobson, H. 2009. Testing and Assessment in Translation and Interpreting Studies: A Call for Dialogue between Research and Practice. Amsterdam/Philadelphia: John Benjamins. 95-122.

Toury G. 2012. Descriptive translation studies and beyond. Language, 73

(2): 431.

Upshur J A, Turner C E. 1995. Constructing rating scales for second language tests. ELT journal, 49(1): 3-12.

Valette R. 1977. Modern Language Testing. New York: Harcourt, Brace and World.

Vienne J. 2010. Which Competences Should We Teach to Future Translators, and How? In C. Schffner & B. Adabs (eds.), Developing Translation Competence. Amsterdam: John Benjamins. 143-156.

Waddington C. 2001. Differentmethods of evaluating student translations: the question of validity. Meta, (50): 311-325.

Weigle S C. 1998. Using FACETS to model rater training effects. Language Testing, 15(2): 263-287.

Weigle S C. 2002. Assessing Writing. Cambridge: Cambridge University Press.

Weir C J. 2005. Language Testing and Validation: An Evidence-based Approach. NewYork: Palgrave Macmillan.

Wigglesworth G. 1993. Exploring bias analysis as a tool for improving rater consistency in assessing oral interaction. Language Testing, 10(3): 305-319.

Wright D, Masters N. 1982. Rating Scale Analysis. Chicago, IL: MESA Press.

Wu W M, Stansfield C W. 2001. Towards authenticity of task in test development. Language Testing, 18(2): 187-206.

Yin K M, Wong I. 1990. A course in business communication for accountants. English for Specific Purposes, 9(3): 253-263.

鲍刚, 2011. 口译理论概述. 北京: 中国对外翻译出版有限公司.

鲍晓英, 2005. 口译标准"信"的实现——记忆心理学在口译中的应用. 广东外语外贸大学学报, 16(2): 10-13.

蔡小红, 2002. 口译研究新探——新方法、新观点、新倾向. 香港: 香港开益出版社.

蔡小红, 2006. 口译评估. 北京: 中国对外翻译出版公司.

蔡小红, 方凡泉, 2003. 论口译的质量与效果评估. 外语与外语教学, (3): 41-45.

陈菁,2002. 从 Bachman 交际法语音测试理论模式看口译测试中的重要因素. 中国翻译,23(1):51-53.

陈菁,2003. 交际法原则指导下的口译测试的具体操作. 中国翻译,24(1): 67-70.

陈娟,2011. 论商务口译的灵活度与译员角色取向. 学园:教育科研,(17): 25-26.

陈明瑶,2004. 论商务口译技巧. 上海科技翻译,(2):31-34.

程跃珍,2010. 从吉尔的口译模式看商务英语口译能力要素的构成. 华北电力大学学报:社会科学版,(4):110-114.

方绪军,2009. 专项汉语测试的特点及研发原则. 世界汉语教学,(1):18.

冯建中,2005. 论口译测试的规范化. 外语研究,(1):54-58.

桂诗春,1986. 标准化考试——理论、原则与方法. 广州:广东高等教育出版社.

龚荒,2005. 商务谈判与推销技巧. 北京:清华大学出版社.

韩宝成,2000. 语言测试和它的方法. 修订版. 北京:外语教学与研究出版社.

韩宝成,罗凯洲,2013. 语言测试效度及其验证模式的嬗变. 外语教学与研究, 45(3):411-425.

韩金龙,秦秀白,2000. 体裁分析与体裁教学法. 外语界,(2):11-18.

海芳,2004. 英语专业本科生的笔译测试. 上海:上海外国语大学.

何莲珍,张洁,2008. 多层面 Rasch 模型下大学英语四、六级考试口语考试 (CET-SET)信度研究. 现代外语,31(4),388-398.

胡庚申,1990. 刍议我国口译工作的现状与发展. 中国科技翻译,(2):41-44.

胡曙中,1993. 英汉修辞比较研究. 上海:上海外语教育出版社.

黄晓佳,黄建国,2009. 全国英语专业八级口译考试评判标准评议. 中国翻译, (1):6.

姜秋霞,权晓辉,2002. 翻译能力与翻译行为关系的理论假设. 中国翻译,(6): 11-15.

廖美珍,2003. 中国法庭互动话语对应结构研究. 语言科学,(5):77-89.

江进林,文秋芳,2010. 基于 rasch 模型的翻译测试效度研究. 外语电化教学, (1):14-18.

江进林,王立非,马晓雷,2011. 英译汉任务中的评分员效应研究. 解放军外国语学院学报,34(6):97-101.

勒代雷,2001. 刘和平,译. 释意学派口笔译理论. 北京：中国对外翻译出版公司.

黎难秋,2002. 中国口译史. 青岛：青岛出版社.

李家春,2012. 基于多元系统论的商务英语翻译能力培养体系构建. 黑龙江教育：高教研究与评估,(1):15-16.

李家春,2013. 翻译测试中的能力界定与信度效度评估. 西安外国语大学学报,21(2):117-121.

李清华、孔文,2010. TEM-4 写作新分项式评分标准的多层面 Rasch 模型分析. 外语电化教学,(1):19-25.

李欣,2004. 翻译测试的"结构效度"及其实现. 东北大学学报,6(3):3.

李筱菊,1997. 语言测试科学与艺术. 长沙：湖南教育出版社.

李元授,2003. 谈判训练. 武汉：武汉大学出版社.

李越然,1999. 论口译的社会功能——口译理论基础初探. 中国翻译,(3):8-12.

刘和平,2001. 口译理论与教学研究现状与展望. 中国翻译,(2):17-18.

刘和平,2003. 职业口译新形式与口译教学. 中国翻译,(3):32-36.

刘和平,2008. 论口译教学与语言教学的差异及口译教学的系统化. 语文学刊(教育版),(3):118-121.

刘和平,2011. 翻译能力发展的阶段性及其教学法研究. 中国翻译,(1):37-45.

刘建达,2005. 话语填充测试方法的多层面 Rasch 模型分析. 现代外语,28(2):13.

刘建达,2007. 做事测试信度和效度的 Rasch 模型分析. 外语艺术教育研究,20(4):3-10.

刘建达,2010. 评卷人效应的多层面 Rasch 模型研究. 现代外语,(2):9.

刘猛,2014. 认知能力与交替传译能力的关系——基于国内翻译硕士院校的实证研究. 上海：上海外国语大学.

刘宓庆,2003. 翻译教学：实务与理论. 北京：中国对外翻译出版社.

柳明明,2015. 高考英语听后复述任务效度论证研究. 北京：北京外国语大学.

卢敏,刘琛,巩向,2007. 全国翻译专业资格(水平)考试英语口译试题命制一致性研究报告. 中国翻译,28(5):5.

马会娟,2013. 汉译英翻译能力研究. 北京：北京师范大学出版社.

马广惠,2004. 英语口语体的语言特征分析——基于口语语料的研究. 外语与外语教学,(10):1-3.

苗菊,2007. 翻译能力研究——构建翻译教学模式的基础. 外语与外语教学,(4):47-50.

苗菊,2010. 产学研一体化教育理念下的翻译职业能力构建. 2010年中国翻译职业交流大会论文集.

苗菊、王少爽,2010. 翻译行业的职业趋向对翻译硕士专业(MTI)教育的启示. 外语与外语教学,(3):63-67.

梅德明等,2003. 英语口译教程(上册). 北京:高等教育出版社.

穆雷,2000. 翻译测试现状分析. 国外外语教学,(1).

穆雷,2007. 翻译测试的定义与定位. 外语教学,(1).

穆雷,郑敏慧,2006. 翻译专业本科教学大纲设计探索. 中国翻译,(5):3-7.

钱春花,2011. 基于扎根理论的译者翻译能力体系研究. 外语与外语教学,261(6):65-69.

钱春花,2012. 翻译能力构成要素及其驱动关系分析. 外语界,150(3):59-65.

钱炜,1988. 口译的灵活性. 中国翻译,(5):5.

任大玲,2013. 翻译教学与翻译技术并重的项目型翻译能力培养课程模式. 外语电化教学,(3):42-48.

秦秀白,1997. "体裁分析"概说. 外国语,(4):8-15.

宋志平,1997. 关于翻译测试的理论思考. 中国翻译,(4):30-33.

孙晓敏、薛刚,2008a. 多面Rasch模型理论及其在结构化面试中的应用. 心理学探新,28(2):75-80.

孙晓敏,张厚粲,2007. 结构化面试评定量表的现代测量学分析. 应用心理学,13(3):250-256.

孙序,2010. 交替传译信息处理过程中语言能力与口译能力的关系研究——基于受训职业译员与未受训学生的对比研究. 上海:上海外国语大学.

苏伟,2011. 本科阶段口译能力发展途径研究——一项基于部分翻译本科专业试点院校的实证研究. 上海:上海外国语大学.

唐雄英,2004. ESP能力测试问题再探索. 外语与外语教学,(6):61-64.

仝亚辉,2010. PACTE翻译能力模式研究. 解放军外国语学院学报,(5):88-93.

王斌华,2007. "口译能力"评估和"译员能力"评估——口译的客观评估模式初探.外语界,(3):44-50.

王得杏,1998.英语话语分析与跨文化交际.北京:北京语言文化大学出版社.

王佶旻,2011.语言测试概论.北京:北京语言大学出版社.

王东志,王立弟,2007.口译的质量与控制.中国翻译,(4):54-57.

王建国,2007.ESP相关理论及其在我国大学商务英语教学中的应用研究.山东大学.

汪顺玉,刘孔喜,2011.近十年我国翻译测试研究进展概观.重庆工商大学学报(社会科学版),28(1):6.

王振亚,2008.英汉语言测试词典.北京:北京语言大学出版社.

王振亚,2009a.现代语言测试模型.保定:河北大学出版社.

王振亚,2009b.语言测试.保定:河北大学出版社.

王振亚,2011.功能主义翻译运用测试的开发程序.北京语言大学外国语学院工作论文.

王振亚,2012a.翻译能力新探.当代外语研究,(3):43-47.

王振亚,2012b.功能主义翻译运用测试模型.//钱军.语言研究与外语教学.北京:高等教育出版社.

王振亚,2012c.翻译能力模型的缺陷.北京语言大学外国语学院工作论文.

文军,2001.专门用途英语教学与研究领域论.外语与外语教学,(12):23-24.

文军,2004.论翻译能力及其培养.上海翻译,(3):1-5.

肖维青,2012.本科翻译专业测试研究.北京:人民出版社.

肖晓燕,2002.西方口译研究:历史与现状.外国语,(4):71-76.

谢群,2013.商务谈判话语互动研究.上海:上海外国语大学.

徐莉娜,1998.关于本科生翻译测试的探讨.中国翻译,(3):29-32.

徐启龙,2012.语言测试效验理论的沿革及其发展趋势.西安外国语大学学报,20(3):20-24.

许均,穆雷,2009.中国翻译研究(1949—2009).上海:上海外语教育出版社.

杨承淑,2000.口译教学研究——理论与实践.台湾:辅仁大学出版社.

杨晶,2005.商务谈判.北京:清华大学出版社.

杨晓荣,2002.汉译英能力解析.中国翻译,(6):16-19.

杨志红,王克非,2010.翻译能力及其研究.外语教学,31(6):91-95.

严明,2012.基于体裁的商务英语话语能力研究:构念界定与测试开发.上海:上海外国语大学.

袁小陆,2007. 口译能力与口译测试有用性之关系研究. 外语教学,28(5):4.

张美芳,黄国文,2002. 语篇语言学与翻译研究. 中国翻译,(3):3-7.

张洁,2012. PETS 三级口语考试评分误差研究——结合定量统计和定性描述的方法. 外语测试与教学,(2):33-42.

张新红,李明,2003. 商务英语翻译. 北京:高等教育出版社.

张威,2008. 口译质量评估:以服务对象为依据——一项基于现场口译活动的调查研究报告. 解放军外国语学院学报,(5):84-89.

张威,柯飞,2008. 从口译用户看口译质量评估. 外语学刊,(3):114-118.

张威,2008. 跨文化交际意识与能力——口译质量评估的一项重要参数. 长春师范学院学报,(3):94-97.

张威,2010. 科技口译质量评估:口译使用者视角. 上海翻译,(3):43-47.

张威,2011. 会议口译质量评估调查——译员与使用者的对比分析. 解放军外国语学院学报,(3):76-79.

张维为,1999. 英汉同声传译. 北京:中国对外翻译出版公司.

张晓云,2007. 两大全国性翻译测试的反拨效应之预测性研究. 江苏外语教学研究,(1):5.

赵南,董燕萍,2013. 基于多面 Rasch 模型的交替传译测试效度验证. 解放军外国语学院学报,36(1):86-90.

钟守满,雷雪莲,2009. 以市场为导向,侧重翻译能力的培养. 外语与外语教学,(2):35-38.

仲伟合,2004. 译员的知识结构与口译课程设置. 中国翻译,24(4):63-65.

仲伟合,詹成,2016. 口译专业教学体系的构建——广外口译专业教学体系理论与实践(之一). 中国翻译,(6):39-42.

邹绍艳,熊绍华,2015. 交际语言能力概念的嬗变及其对语言测试的影响. 青岛农业大学学报(社会科学版),27(1):89-93.

邹申,1998. 英语语言测试——理论与操作. 上海:上海外语教育出版社.

邹申,2011. 简明语言测试教程. 上海:上海外语教育出版社.

附录一 商务谈判口译运用测试说明

欢迎参加商务谈判口译运用测试！在本次测试中,您将作为中方口译员参加本次国际商务谈判全程。本次测试将分为两个部分,第一部分为译前准备。为有助于您对本次口译任务的了解,本测试为您提供此次中外双方谈判相关的资料,并附有谈判涉及的关键信息和词汇以供参考,您可以使用网络查询相关资料。译前准备为40分钟。

第二部分为口译实务。您将听到一场完整的商务谈判对话,中外方谈判人员交替对话,您作为口译员,需要为中方以及外方做好交传翻译,为双方建立畅通的交流渠道,避免误解,协助谈判顺利开展。每一方说话结束后会有相应的空余时间留给您进行口译。您可以使用现场提供的纸笔作记录。整场谈判时长约为25分钟。

您的口译产品将被录音。测试将从准确性、流畅性、得体性以及交际任务完成度方面给予评价。

附录二　商务谈判口译运用测试译前准备材料

一、谈判背景

1. 谈判双方公司及人员

甲方：金色阳光农业科技发展有限公司(Golden Sunshine Agricultural Science and Technology Development Company)

总经理：吴晓含

财务总监：宋柯仁

市场部总监：蔡明杰

法律顾问：周泳

口译员：应试者

乙方：New Zealand Zespri International Limited Company(新西兰佳沛国际有限公司)

Deputy General Manager of Asia：Adriana crista

财务总监：Margaret Murphy

采购总监：Aaliyah White

法律顾问：Tony William

技术总监：Tracy Pratt

2. 谈判主题

甲方销售产品给乙方，并保持双方长期友好合作关系。

3. 谈判流程

乙方根据市场需求、营业方向选定相关产品，甲方将相关产品参数、报价、市场情况等信息向乙方详细介绍。双方就价格、付款方式、包装、运输及合同条款等层面进行磋商并达成一致。

二、谈判目标

1. 战略目标

通过感情交流,向对方展示我们合作的诚意,争取实现双赢。争取长期合作。

2. 具体目标

(1) 以 CIF 价的 90％价格成交；

(2) 定金不低于 50％。

三、关键词汇

1.《国际贸易术语解释通则》2000 年版本：

FOB 离岸价

CIF 到岸价

信用证（即期和不可逆）

2. W.P.A：水渍险

3. Liner：班轮运输

4. 议付行：negotiating bank

开证行：issuing bank

通知行：advising bank

5. 有机磷

6. 农药残留

7. 联合国仲裁法庭

幻灯片 1

幻灯片 2

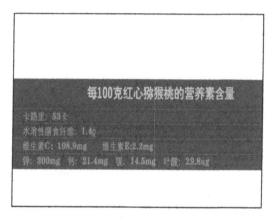

幻灯片 3

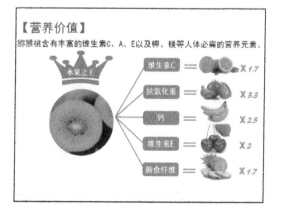

幻灯片 4

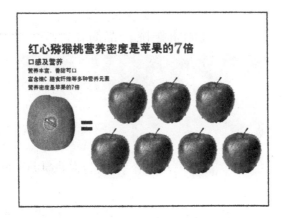

幻灯片 5

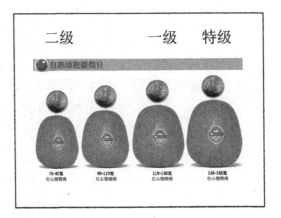

幻灯片 6

幻灯片 7

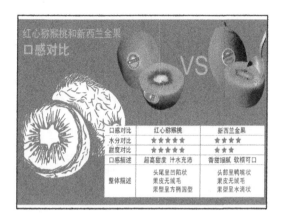

幻灯片 8

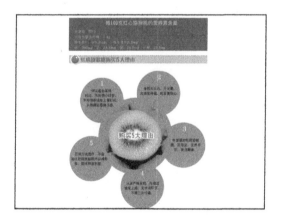

幻灯片 9

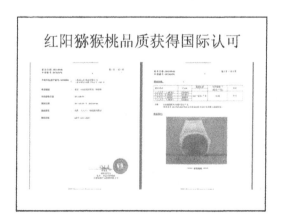

幻灯片10

- 2006年：取得四川省进出口检验检疫局出口基地认证。
- 2008年：获得全球良好农业规范认证及ISO22000食品质量安全体系认证。
- 2008年：农业部颁发了无公害农产品认证证书。
- 2009年：被四川省人民政府和四川省科技局评为"标准化出口示范基地"。

附录三　商务谈判口译测试试题脚本

中方：欢迎来自新西兰佳沛国际有限公司的各位谈判代表来都江堰进行业务洽谈，我是金色阳光农业科技发展有限公司的总经理吴晓含，首先，我来介绍我们公司的几位代表，我是总经理吴晓含，这位是财务总监宋柯仁，这位是市场部总监蔡明杰，这位是法律顾问周泳。

新方：I'm very pleased to come to the beautiful city of Du Jiangyan. I am Zespri's Deputy General Manager of Asia. Now, let me introduce my delegates.

中方：代表从新西兰远道而来，中国有句古语说"有朋自远方来不亦乐乎"，欢迎各位的到来。据我所知，新西兰现在是冬天，而我们成都还是很热的，不知道大家还适应吗？

新方：Everything is well! Sichuan is a place with pleasant weather and beautiful scenery. The reputation of "Land of Abundance" is really well deserved.

中方：谢谢！不知您对我方安排的都江堰之行还满意吗？

新方：Oh! Yes! Very impressive. Your consideration is really thoughtful! However, the most satisfactory for our staff is your company's acres of planting base, which is really a splendiferous located in China!

中方：您过奖了。希望我们此次谈判也能够让双方如此满意！

新方：Oh, yes, of course. We are also looking forward to it!

中方总经理：好的，那么我们开始吧！首先，关于此次谈判，我方希望在谈判过程中的贸易解释规则为2000年《国际贸易术语解释通则》，不知您是否同意？

新方：Of course not. We have informed that your Company owe the most tremendous kiwi fruit planting base in Asia. While among all the varieties, Hongyang is the most celebrated brand. Therefore, we come here to purchase a branch of good quality of kiwi fruit of hongyang. So, would you please describe it in detail?

中方：下面容我为大家具体介绍我方生产的红阳猕猴桃：我公司生产的红阳猕猴桃是四川省自然资源研究所科技人员通过十几年努力，从秦巴山区野生猕猴桃实生单株中选育出来的稀世优良品种，其品质特点和品种资源的独有性具有国际领先水平。

新方：OK, would you please tell us nutritional aspects of your Kiwi in detail?

中方：好的。我方生产的红阳猕猴桃除富含天然维生素和17种游离氨基酸及多种矿物成分。其中维生素和氨基酸含量在各类猕猴桃中首屈一指。每100 g果肉中含有维C 350毫克，被誉为"维C之王"。但是由于产品上市时间不长，市场份额还在不断提升中。

新方：What about the accreditation about quality?

中方：我公司生产的红阳猕猴桃于2006年取得四川省进出口检验检疫局出口基地认证；2008年获得全球良好农业规范认证及ISO22000食品质量安全体系认证。农业部颁发了无公害农产品认证证书。公司基地园区被四川省人民政府和四川省科技局评为"标准化出口示范基地"。关于产权，您完全不必担心。

新方：It seems that it's trustworthy of your production then how about the classification of quality?

中方：请大家看相关资料。我公司根据四川省质量技术监督局制定的关于猕猴桃的购销等级的规定，将红阳猕猴桃划分为特级、一级、二级共三个等级。各等级在外形、色泽、果味、果径、单果重量等均有不同的规定。不知道您对哪种品质的产品感兴趣呢？

新方：It seems your company's super Kiwi product is in line with our procurement requirements, how much is your product?

中方：您此行准备采购多少？

新方：Our tentative purchase is 2 000 tons of super Hongyang kiwifruit, the port of destination is New Zealand Port Auckland, and the arrival time should be before January 15, 2009.

中方：我方的报价是，奥克兰港到岸价3 800美元/公吨。

新方：Ah my friend, are you kidding? Your offer is too high. According to my company's long-term international purchase price, the average price is only 2 000 dollar/ton. Moreover, hongyang kiwi fruit is not that special.

中方：这样说就不对了。国际上普遍认为红阳猕猴桃口感优于国际上选育的任何品种，更以"红色软黄金"的美誉享誉海内外，是无公害、出口型高档水果的优先选择。请看大屏幕。

新方：Well, I do not think it very excellent!

中方：那么我们就用贵公司畅销多年的品种进行比较。请看。显而易见，我方生产的红阳猕猴桃品质明显高于其他品种。我方的报价是非常合理的。

新方：Reasonable? Your offer is so outrageous, I really doubt the sincerity of your side.

新方：Your side keeps emphasizing high-quality goods and completely ignores our interests. It seems that we simply cannot continue the negotiation.

中方：无法继续？如此合理的报价怎么会无法继续？

中方：百闻不如一见，百说不如一尝。贵方远道而来，想必也不想空手而归吧！成事者不拘小节，何必在一个问题上大动干戈呢？让我们先来品尝红阳的美味吧。

新方：The Kiwi meat is tender, sweet and refreshing. It tastes good.

中方：很高兴贵方能喜欢我方的猕猴桃，如此的美味想必我们双方都不愿放弃吧！

新方：Of course! We have travelled thousands of miles, do you think we come just for fun?

新方：I heard that your kiwifruit has already matured in this season, I guess the harvest should be very good! If you do not find distribution channels as soon as possible, then the cost of your side and risk will be even greater. I believe our vast distribution network and proven marketing skills will be able to give some effective help.

中方：谢谢贵方能为我方精打细算。我们也从未质疑贵方的能力。我们知道，贵公司是全球最大的猕猴桃经销商。销售面覆盖包括欧盟、美国、日本等国家和地区在内的所有猕猴桃需求市场。我方也希望通过贵公司将我公司的红阳猕猴桃推向国际市场。

中方：考虑到我们双方的相互需求，为表诚意，我方愿意将原报价降至3 500美元/吨。

新方：Just letting 300 dollars? The price is still too high!

中方：那么贵方认为什么样的价格才算合理呢？

新方：As for us, the most reasonable offer should be 2 100 dollars/ton. If we cannot reach an agreement at this price, then we have to go to other cities to hunt for deal.

中方：贵方的报价也不见得合理呀！不瞒您说，有很多国外销售商正在与我方洽谈关于红阳猕猴桃的采购问题。而且他们开出的条件都比你方优越。况且，贵方如在其他地方采购，根本不可能得到向我方这样大的供应量。

NMP：Even that, your offer should also have a referential, right? The price offered by us is actually founded. According to the current market situation, the average price of high-grade kiwifruit should be 1 700 dollars/ton. From Chinese mainland to the north of our seaports, shipping need about 400 dollars/ton, and general insurance for fruit products is about 40 dollars/ton. In this way, how can it be achieved just quote your side!

中方：1 700美元？不知贵公司是从何处采购到如此便宜的高档猕猴桃呢？我方也进行了统计，根据我国官方网站披露的可靠信息，第三代红心猕猴桃的平均价格也在2 000美元以上。贵方这样拟算的报价实在让我们很为难。

新方：How about 2 800 dollars. This is indeed the highest price we can afford, and exceeding this the price is beyond my ability to decide. What is your opinion?

中方：虽然贵方已经做出了一定的让步，但是此价格我方仍然难以接受。通过刚才的分析，相信贵方也明白我方报价的合理性。如果贵方坚持原价格，我们可以离岸价格成交。

新方：Oh no! How can you do that? Frankly speaking, we strongly disagreed the replacement of trade terms. However, if you are willing to cut down the price to our earlier offer, we are happy to increase the quantity to 2 500 tons, in the meantime, we can promise to hold on the long-term friendly relations of cooperation with your company.

中方：不好意思，我方坚持3 500美元/吨的报价。并且，我方只能一次性为贵方提供2 200吨的红阳猕猴桃。但如果贵方愿意另购优质绿心"海沃德"300吨，我方愿意将红阳猕猴桃价格降至3 300美元/吨，同时按2 000美元/吨的最低价格出售海沃德猕猴桃。要知道，这可是市场上罕见的低价啊！

新方：Okay! We can accept. Whereas, in order to ensure a reasonable risk reduction, all the products should be 10%-plus insured W.P.A., and freshwater rain insurance. And your company should bear all insurance premiums.

中方：没有问题。按照我公司出口惯例，我方将在货物装船前向中国人民保险公司办理投保手续。请贵方放心！

新方：Meanwhile, we wish to adopt small carton packaging, with a fruit tray nest in it. Labeling and packaging requirements should be in accordance with DB440300/T24.2 implementation, using liner with 20 feet container shipment.

中方：我方同意。运输方面采用班轮运输一次性到达，两种猕猴桃共计2 500吨，分别允许有5%的增减幅度，由买方选择，增减部分按合同价格计算。

中方：嗯，可以。那么现在我们就支付方式进行磋商吧！

新方：We will sign an irrevocable letter of credit within 10 days after the opening to your side as a long-term beneficiaries, balancing in USD. And it's our turn to appoint the issuing bank and the advising bank.

中方：我方不同意。我们所能接受的是即期信用证支付方式，并且议付行只能为中国工商银行。

新方：Oh, your requirement is unacceptable. It can't be realized, for a large amount of money will be impropriated.

中方：但我公司规模不大，无法承受如此大的风险，希望贵方可以考虑我方的难处。

新方：How can we do that? But how about we all get one step back, that's to say, 50% sight letter and the surplus by acceptance. As to the bank appointment, we can accept your request, and the issuing bank will be the Bank of New Zealand.

中方：考虑到我们双方的友好关系和各自的疑虑，我方破例接受贵方提出的支付方式。

新方：In terms of inspection, we hope to adopt the way that the first inspection goes in Shanghai Food Inspection and Quarantine Bureau of China, and then the re-inspection goes in the Royal New Zealand Port.

中方：我方同意。这是我国制定的农产品出口检验检疫标准。

新方：This is our country's inspection and quarantine standard towards food. To ensure everything is fine, please check in accordance with the provisions of standard strictly.

新方：It seems that your country has very strict inspection and quarantine requirements to seasonal fruits, we also believe that your side in the inspection and quarantine would not have any problems, but I also remind you of good credit: in New Zealand, quarantine to kiwifruit in the right amount of heavy mental residues would be less than 0.001, the amount of organic phosphorus pesticide residues would be restricted less than 0.01, while your standard is not more than 0.02, both of them are more strict than yours, please be careful.

中方：请放心，我方出口的猕猴桃质量上乘，在运用滴滴涕、有机磷农药方面十分慎重，其含量均远远低于国家要求水平，我相信我公司的红阳猕猴桃一定能满足贵国的检疫要求。为了让贵方放心，我方承诺如果检疫不合格，我方愿承担全部责任，并按规定赔偿贵方损失，您觉得怎么样？

新方：We are fully satisfied with your frank, and also completely believe that your

Hongyang kiwifruit is of good quality.

中方：但我方希望贵方在货物到达奥克兰港口 48 小时内进行复检，超过检验期限但未进行检验，由此造成的后果，责任不由我方承担。

新方：Yes, we agree. As for the performance of the contract and compensation, we demand to enter into a contract with you according to United Nations Convention on the International Sale of Goods. Anything relating to this contract, disputes or requests, or the breach of this contract, termination or failure should be effective in accordance with the current Arbitration Rules of the United Nations International Trade Commission and delivered to the International Chamber of Commerce Court of Arbitration to resolve it.

中方：我方同意，但是公约中没有规定的事项应当适用中国大陆相关法律。不知贵方有无异议？

新方：We can accept it.

中方：同时，我方希望银行在议付贷款时扣除不可抗力因素造成的违约金。

新方：We agree.

中方：下面由我方秘书书面总结此次谈判的要点。稍后请您过目。不知您有无异议？

新方：No. It's very tangible.

中方：那么请贵方到会议室休息片刻，接下来进行签约仪式。合作愉快！

新方：Good. It's my pleasure.

附录四　商务谈判口译员工作分析调查问卷

　　本问卷调查为研究口译员实际工作状况设计,仅针对学术研究使用,所有个人信息将严格保密,请您按本人真实情况填写,答案请按题目要求填写在相应的横线上或在选项上打"√",谢谢您的合作!

一、个人信息

　　请填写您的个人信息
　　您的职业:＿＿＿＿＿＿
　　您的最后学历:＿＿＿＿＿＿
　　您的专业:＿＿＿＿＿＿
　　您的研究领域是:
　　您的英语水平是:
　　CET4□　CET6□　TEM4□　TEM8□　TOEFL□　IELTS□　TOEIC□　BEC□
　　您是否具有翻译资格证书?＿＿＿＿＿＿如有,是哪种证书:＿＿＿＿＿＿
　　＿＿＿＿＿＿＿＿＿＿＿＿＿＿＿＿＿＿＿＿＿＿＿＿＿＿＿＿＿＿＿＿＿＿
　　您是否专职□兼职□从事口译工作,从业时长为＿＿＿年

二、商务谈判口译员信息

　　1. 您认为商务谈判口译员应具备哪些素质?(可多选)
　　双语知识技能□　　语言外知识□　　主题知识－商务知识□
　　口译技巧□　　　　职业素养□
　　跨文化交际能力□　应变能力□
　　如以上没有您认为必要的选项,请填写在此处＿＿＿＿＿＿＿＿＿＿

三、商务谈判口译工作信息

2. 口译员在商务谈判中的交际翻译任务有哪些？（可多选）

为雇主顺利进行双边谈判提供交替口译为主的语言服务，其中包括：

☐ 会议开始，介绍双方成员，彼此寒暄
☐ 谈判开局，进入谈判主题，介绍服务/产品，提出谈判目标
☐ 谈判中期，对谈判关键问题深入讨论，不断向目标靠近
☐ 谈判结尾，向对方致谢，对未来合作表示期待
☐ 避免语言文化差异导致的误会，做好跨文化沟通交流使得谈判顺利进行
☐ 灵活应变，化解由语言文化差异导致的谈判僵局，以求达成共识

如以上没有您认为的必要选项，请填写＿＿＿＿＿＿＿＿＿＿

3. 商务谈判口译中，请您将下列商务谈判口译话题按出现频率和难度打分：

出现频率					商务谈判口译话题	难度				
一定 1	经常 2	有时 3	不常 4	没出现 5		很难 1	较难 2	较容易 3	容易 4	简单 5
1	2	3	4	5	(1)产品性能介绍	1	2	3	4	5
1	2	3	4	5	(2)服务使用说明	1	2	3	4	5
1	2	3	4	5	(3)重要商务文件	1	2	3	4	5
1	2	3	4	5	(4)商务合同	1	2	3	4	5
1	2	3	4	5	(5)业务计划	1	2	3	4	5
1	2	3	4	5	(6)业务进度报告	1	2	3	4	5
1	2	3	4	5	(7)公司规章制度	1	2	3	4	5
1	2	3	4	5	(8)企业组织框架	1	2	3	4	5
1	2	3	4	5	(9)企业项目管理	1	2	3	4	5
1	2	3	4	5	(10)业务联系信函	1	2	3	4	5
1	2	3	4	5	(11)市场营销	1	2	3	4	5
1	2	3	4	5	(12)法律法规	1	2	3	4	5
1	2	3	4	5	(13)企业管理	1	2	3	4	5
1	2	3	4	5	(14)国际会展	1	2	3	4	5
1	2	3	4	5	(15)国际运输	1	2	3	4	5
1	2	3	4	5	(16)技术引进	1	2	3	4	5

续表

出现频率					商务谈判口译话题	难度				
一定 1	经常 2	有时 3	不常 4	没出现 5		很难 1	较难 2	较容易 3	容易 4	简单 5
1	2	3	4	5	(17)国际贸易	1	2	3	4	5
1	2	3	4	5	(18)招商引资	1	2	3	4	5
1	2	3	4	5	(19)广告策划	1	2	3	4	5
1	2	3	4	5	(20)知识产权	1	2	3	4	5
1	2	3	4	5	(21)贸易壁垒	1	2	3	4	5
1	2	3	4	5	(22)商务旅游	1	2	3	4	5
1	2	3	4	5	(23)WTO贸易政策	1	2	3	4	5
1	2	3	4	5	(24)国际金融	1	2	3	4	5
1	2	3	4	5	(25)财务、审计	1	2	3	4	5
1	2	3	4	5	(26)电子商务	1	2	3	4	5

4. 您认为以下口译员在商务谈判翻译过程中主要使用的技能的重要性是：

商务谈判口译工作中使用的技能	不重要				很重要
议前准备	1	2	3	4	5
笔记					
数字翻译					
逻辑记忆					
直译					
意译					
概述					
综述					
公众演说					
应急变通					
适应能力					
跨文化交际策略					
对局面掌控能力					

如以上没有您认为的必要选项,请填写 _____

5. 请您简单描述商务谈判口译员的工作环境。

_____
_____
_____

四、商务谈判口译质量评价

6. 您认为哪些因素对商务谈判口译产品的评估有重要意义,按其重要性,请打分。"1"代表很低,"2"代表较低,"3"代表一般,"4"代表较高,"5"代表很高。

商务谈判口译产品质量评价因素	不重要				很重要
信息完整	1	2	3	4	5
表达流畅					
逻辑条理					
专业术语					
语法准确					
语音语调					
声音质量					
翻译风格					

如以上没有您认为的必要选项,请填写_____

7. 您认为目前现有的口译资格认证考试的考试形式是否符合实际的工作环境?

符合_____   不符合_____

如不符合,您认为应该有哪些调整?

_____
_____

问卷到此结束,感谢您的支持与配合!

附录五　商务谈判口译运用测试考生测后调查问卷

编号：_____

感谢您参加本次测试，就研究者关心的一些相关问题，请您根据个人真实情况回答下面的问题，您填写的信息将会被严格保密，并只用于研究使用。谢谢您的配合。

1. 您的专业是：_____　本科专业为：_____
2. 接受系统口译训练的时间：_____
3. 您具有的英语水平证书是（专四、专八、英语四六级）：_____　其他：_____
4. 您是否参加过翻译专业资格考试：_____
如参加过，请写出考试名称及获得的等级（如：全国翻译专业资格考试，获得口译三级证书）：_____
5. 平时参加过何种口译实践活动：_____
6. 是否学习过商务贸易类知识或课程：_____；如有，学习时间为：_____
7. 本次口译测试中，您认为译前准备环节对您完成该测试的作用是：
☐ 非常有用，很重要
☐ 有用，重要
☐ 比较有用，一般重要
☐ 作用不大，不太重要
☐ 没有什么作用，不重要
8. 您认为本测试中的比较难处理的是（语言层面、专业知识、翻译技巧、其他）：_____
9. 测试题目中对你作为中方雇佣人员以及对口译员交际任务和目的的描述是否对你口译策略以及译者角色的认知产生影响：_____

附录六 商务谈判口译运用测试整体评分量表

分值	评价	评分标准
9分	专业谈判口译	理解准确,表意准确,语言精确,灵活得体,具有权威性
8分	优秀谈判口译	理解准确,表意准确,语言精确,灵活得体,只有少数地方达不到专家级译者的水平
7分	良好谈判口译	能完成绝大多数翻译任务,翻译准确,偶有理解不准确和翻译不当的情况,但不影响大局
6分	胜任谈判口译	尽管能够完成大多数翻译任务,但翻译的流畅性和准确性有一定缺陷,并偶有实质性的误解和误译
5分	能力欠缺谈判口译	尽管能够应付一般翻译任务,但翻译的准确性和得体性都有欠缺
4分	边缘谈判口译	理解不够全面、准确;译文不够流畅、精确,得体性上也有欠缺;尽管有误译,还能把翻译工作坚持下来
3分	极度欠缺谈判口译	不能完成谈判翻译任务,误译情况较多
2分	断断续续的谈判口译	不能完成谈判翻译任务,误译的情况多于正确翻译的情况
1分	非谈判口译	语言理解和生成能力都不足以进行谈判口译

附录七　商务谈判口译运用测试分项评分量表

分项 等级	完整准确	连贯流畅	灵活得体
5分	口译信息完整、准确,关键信息点无遗漏,无误译	表达连贯流畅,逻辑清晰,基本没有停顿、重复,反应快速、语速流利	口译风格得体,沉稳自信,具有丰富的商务专业及文化知识,充分理解谈判雇主需求,能灵活淡化处理谈判中的冲突及僵局
4分	信息较为完整、准确,关键信息点基本完整,有个别遗漏,没有重大误译	表达较为连贯,逻辑比较清晰,语言比较流畅,有少量停顿,但不影响整体流畅度,反应较快,语速适中	风格较为得体,具有较充足的商务专业及文化知识,遇到困难时有时能灵活处理,但略显不自信;理解雇主需求,较为灵活得体地处理谈判冲突及僵局
3分	信息基本完整、准确,但关键信息点有少量遗漏,有误译	表达基本连贯,逻辑基本清晰,但有较多停顿,整体略显松散,反应有时较慢,语速较慢,偶尔有超过预留时间现象	基本符合谈判要求,具有一定的商务专业和文化知识,遇到困难时不自信,灵活处理能力较弱;基本符合雇主需求,具有处理谈判冲突及僵局的意识,但灵活度欠佳
2分	信息的完整、准确性较差,关键信息点有较多遗漏和错误	表达的连贯性较差,逻辑不够清晰,有大量停顿,整体表现松散,反应慢,语速慢,有较多预留时间内完不成口译的现象	不太符合谈判要求,不自信,商务专业及文化知识不足,遇到困难不能灵活处理,没有充分理解雇主需求,处理冲突及僵局意识欠缺
1分	信息不完整,准确性很差,关键信息点几乎没有翻译出来,信息缺失过多	表达不连贯,逻辑凌乱,语言断断续续,不能在预留时间内完成口译	不具备商务专业和文化知识,没有意识到谈判雇主的需求,不具备处理谈判冲突及僵局的意识,口译任务无法完成